日本橋日枝神社

日枝神社結婚式場 **日枝あかさか**

東京都千代田区永田町 2-10-5　TEL.03・3502・2205

https://www.hieakasaka.net

日本橋日枝神社

東京都中央区日本橋茅場町 1-6-16　TEL.03・3666・3574

https://www.hiejinjanihombashisessha.tokyo

厳かで優美な日本の結婚式

神社結婚式&和婚

CONTENTS

浅草・茶寮　一松の婚礼

50年の歴史を誇る「茶寮　一松」は創業以来、
日本の結婚式の流儀を守りながら新感覚の婚礼を提案してまいりました
結婚式の基本とされる両家の絆を大切にした挙式、祝宴を提案しております

人力車で神社へ向かう浅草婚

お支度と披露宴は一松・挙式は神社
人力車のカップルに沿道の人々が、
拍手で迎えてくれる
幸せいっぱいのプランです

茶寮　一松
TEL 03-3841-0333
〒 111-0034
東京都台東区雷門 1-15-1

一松オリジナル挙式

家族のきずなを深める

和の人前式 祝言

床の間を背にした新郎新婦の席

祝言は様々なアイデアでおふたりに合わせた挙式が可能です

旬の素材をふんだんに使った料理

椅子席を設けた祝言の部屋

華麗なる花嫁衣裳

織り、染め、刺繍などの技法を駆使し、連綿と受け継がれてきた日本の民族衣裳、「白無垢」「色打掛」「引き振袖」。

花嫁なら一度は憧れる「ウエディングドレス」。

花嫁のために仕立てられ、着ることが許された衣裳を紹介します。

編集：アイデ　デザイン：フリッパーズ　フォトグラファー：株式会社 アンズフォト 天野雄士　村松美緒　衣裳：ビタースウィート インターナショナル 築地店【株式会社 曽我】
美容：ビタースウィート インターナショナル ビューティー【株式会社 曽我】　撮影協力：日枝神社　日本橋日枝神社　ザ・キャピトルホテル 東急

モデル：寺嶋由芙

白無垢

～花嫁衣裳の中で特別の格式をもつ～

胡蝶蘭

胡蝶蘭は高貴で清楚な雰囲気を持つ姿から、
「幸福が飛んでくる」「純粋な愛」という花言葉を持っていて、
晴れの日に大変ふさわしい文様。
真っ白な白無垢は日本髪、綿帽子、角隠し等で正統な演出が王道ですが、
衿や小物に色や柄を入れることで一味違う印象にも。

打掛

〜挙式・披露宴にも着ることができる豪華な衣裳〜

吉野山遊花図

鳴り物である鼓や笙、舞をあらわす鳥兜は
花見で遊ぶ様をイメージ。
平安の世に貴族たちが雅楽とともに花見に興じた、
雅やかな空気と華やかで美しいさまを表しています。
いっぱいにあしらわれた桜は、
ふっくらと織り上げられ金箔が
細かにさす杢地とともに
唐織綴ならではの品のある優しさに満ちています。

平成二十五年四月吉日
平成二十六年四月吉日
平成二十六年四月吉日
平成二十六年四月吉日
平成二十六年四月吉日

引き振袖

〜未婚女性の第一礼装〜

百花扇面

菊や芍薬などの様々な花と、
王朝趣味の文様として長く用いられた檜扇の上品な引き振袖。
引き振袖には珍しい淡い色味を施し、
形が優美なこと、扇面の絵の美しさは、
可愛らしい雰囲気の花嫁にこそ、まさに相応しい。

ウエディングドレス

~憧れの衣裳~

気品あふれる女性らしい姿を強調できる
Aラインのオフショルダー。
シンプルなデザインで、厳選された上質なシルク素材が
可憐なシルエットとあいまって、
高貴で上品な美しさを。
背中の大胆なV字カットは繊細なラインを。
バラとリボンが優雅さを表現。

神前結婚式の基礎知識

神前結婚式は明治時代から連綿と継承されている結婚式で
厳かな式にはそれぞれに深い意味があります

どこの神社でも式次第は同じです

神前式は基本的に古式に従って式次第が決められていますが、神社によっては巫女の舞を奉納したり、指輪の交換の代わりに紅白の水引を指に結ぶなど、個性的な進行を加えた式次第もあります。

挙式の中でふたりが関わる動作は事前に教えてくれますが、意味までは説明がないこともあります。事前にその意味を知っていたほうが神前結婚式の意義の素晴らしさが認識できるでしょう。

《一般的な式次第》

- **参進の儀**　控えの間から神殿に向かう行列
- **手水の儀**　身を清めて神殿に向かう儀式
- **修祓の儀**　参列者全員を神官が祓い清める
- **斉主参拝**　神官が神前にお参りする
- **献饌の儀**　神前に海の幸、山の幸をお供えする
- **祝詞奏上**　祝詞は神様に結婚するふたりの報告とご加護を願う
- **三献の儀**　三三九度のこと
- **誓詞奏上**　新郎新婦がふたりの愛の誓いを述べる
- **玉串奉奠**　幣を付けた榊を神前に捧げる
- **指輪の交換**　欧米のセレモニーの中から習慣化したもの
- **親族盃の儀**　両家の末永いおつき合いのための盃
- **斉主一拝**　挙式終了

神社の挙式は 絵になる場面が多いのです

参進の儀や三三九度はシャッターチャンス／上・神田明神　下・伊勢山皇大神宮 儀式殿

神殿の中での撮影は制約があります。神官が祝詞を奏上しているときや、お祓いをしているときはシャッターを押してはいけない決まりになっています。

三三九度や指輪の交換シーンは撮影が許されているところもありますが、神社によってはカメラの位置が決められていることもあるので事前に決まり事を聞いておきましょう。

自由に撮影できる境内の花嫁行列は、神社結婚式ならではのステキなシーンです。

神前結婚式は神社の他 ホテル、式場の神殿でも式次第は同じです

神前結婚式が挙げられるところはホテル・式場の中にある神殿と私たちが日常的に参拝する神社があります。どちらも、古式に則った式次第で結婚式を行なっています。ホテル式場の神殿は結婚式だけを行なっていますが、神社は神事にまつわる行事、例えばお宮参りや、七五三などがあるので、希望の日に結婚式が挙げられるとは限りません。

今のような神前式が行なわれるように なったのは100年くらい前からです

神前結婚式が一般的になったのは、明治３３年に当時の皇太子（後の大正天皇）が宮中の賢所で結婚式を行なったのを記念して、日比谷大神宮（現在の東京大神宮）が庶民のための神前結婚式の式次第を作り、神前結婚式を普及させたのが始まりです。当時は日比谷にあった神社で挙式し、帝国ホテルで披露宴をするのがステータスだったのですが、日比谷大神宮は関東大震災で焼けてしまい、現在は飯田橋に移り東京大神宮として信仰を集めています。

神社では支度室や控え室が 無いこともあります

飯田橋にある東京大神宮

神社は結婚式のために建てられたのではありませんから、花嫁の支度部屋が狭かったり、無かったりする事もあります。また、親族の控え室が無い事もあるので、事前に確認しておきましょう。

その点、ホテル・式場での挙式でしたら全てが揃っているので安心です。館内に神殿があるので、参進の儀が出来ない事もありますが、ホテルによっては控え室から神殿に向かうロビーを花嫁行列で進む工夫をしているところもあります。

神社にお参りするときは作法に従いましょう

鳥居の中に入ったらそこは境内で、参道の中央は、神様がお通りになる道なので参拝者は左右のどちらかに寄って歩きます。

どんなに急いでいても駆け出したりするのは非礼に当たります。落ち着いた足取りで歩を進めましょう。

参道の横に手を清める場所があります。一般的には左に設けられています。

参拝する前には「手水の儀」といって、手水で身を清めるのが礼儀です。

手水を使うときは柄杓一杯の水で手を洗い、口をすすぎ、残りの水で柄杓の柄も洗い流します。

手を清める順序

1. 右手で柄杓を持って、左手を流します。
2. 左手に柄杓を持ち替えて右手を流します。
3. もう一度右手に持ち替え、左掌で水を受け、口をすすぎます。

   決して柄杓を口に当てないこと。
4. 柄杓を立てて少し残しておいた水で流します。
5. 後ろに人がいないときは、柄杓を伏せて置きます。
6. 次の人がいるときは柄杓は上を向けたまま置きます。

結婚式に参列するときや、日常で神社に参拝するときには、手洗いの所作に従って手を清めてから参拝することを習慣にすることをお勧めします。

三献の儀は三三九度の事です

神前結婚式の儀礼の中で、三三九度は新郎新婦にとって、身の引き締まる儀式です。新郎から新婦へ、新婦から新郎へと杯が交わされる姿は、カメラに収める絶好の瞬間でもあるでしょう。

巫女が神酒を注ぐ道具は長柄と提子で長柄は新郎新婦用、提子は親族に御神酒を注ぐ時に使います。

長柄に付けてある飾りは雄蝶、提子に付いているのは雌蝶の飾りです。

玉串奉奠（たまぐしほうてん）の作法

「玉串奉奠（たまぐしほうてん）」とも呼ばれ、一般的な参拝・祈願でも行なわれる儀式です。巫女から受け取った玉串（榊の枝）を持って前に進み、願いを込めて神前に向けて捧げ「二礼二拍手一礼」の作法で拝礼。続いて媒酌人や両家代表も同じく玉串拝礼を行ないます。その都度、巫女が案内してくれるので、それに合わせれば間違いありません

（下記イラスト参照）

1_巫女から玉串を受け取ります。右手で榊の根本を上から、左手で葉先を下から支えるように胸の前で持ち、神前に進みます

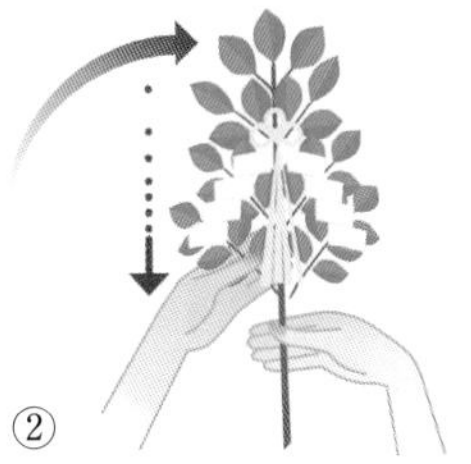

2_玉串の先を時計回りに９０度回し、根本を手前にして、左手を下げ両手で持ちます

3_目を閉じて祈念します。このとき願いや感謝の気持ちをしっかりと玉串に込めるのが玉串拝礼の一番大切な作法です

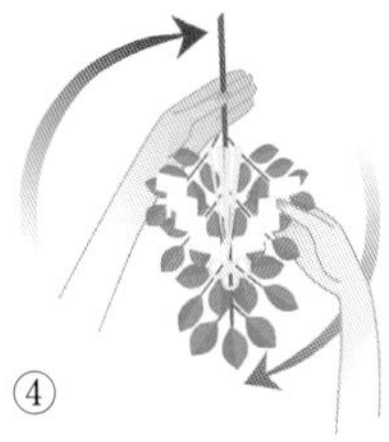

4_時計回りに１８０度回し、根本を神前に向け、玉串案の上に置き、「二礼二拍手一礼」の作法でお参りします

祝詞は神官が神様に申し上げる言葉です

祝詞は「ノリト」と読みます。

神官が祝詞を奏上している時は、物音を立てないことはもちろん、カメラのシャッター音も禁じられています。

神前結婚式をはじめ、神前で行なわれる儀式には、その儀式の意味を書いた祝詞が読み上げられます。結婚式でしたら、一般的には神々を讃え、感謝する言葉を奏上し、今日の●●●と○○がご神前で結婚することを報告、これからのふたりにご加護を賜るようにお願いします。

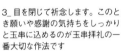

結納の意味と約束事

日本の結婚式のしきたりや、約束事など結を機に覚えましょう。
新生活でも役に立つしきたりなど、やさしく解説します。

結納品はほとんど保存食品で品物の名前はおめでたい意味を込めた当て字です

結納品は地方によって違います。イラストは関東の結納品です。

関西ではそれぞれ式台に乗せてあり、松や翁の人形などが置かれ立体的で豪華です。

結納式をする方が少なくなっていますが、神社で結納式をしていただけるので、選択肢の一つに考えてもよいのではないでしょうか。

右から❶長熨斗《ながのし》／鮑を伸ばしたもの❷目録《もくろく》／結納品の名前が書いてある❸金包《きんぽう》／結納金❹勝男節《かつおぶし》／鰹節❺寿留女《するめ》／烏賊の干したもの❻子生婦《こんぶ》／昆布❼友白髪《ともしらが》／麻を白髪に見立てて❽末広《すえひろ》／末広がりでめでたい❾家内喜多留《やなぎだる》／お酒料。

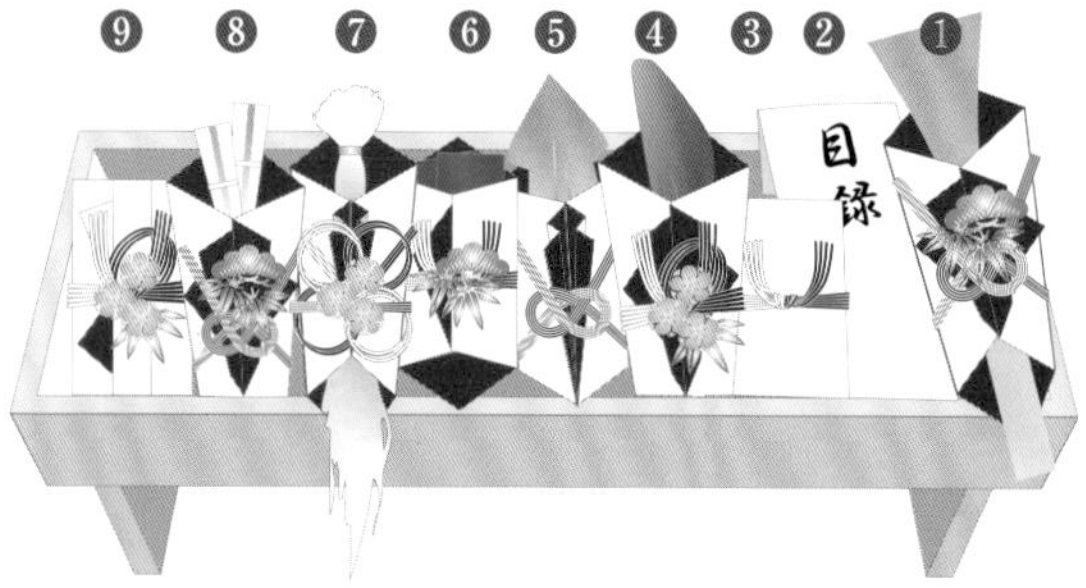

結納品を購入したときの後始末は様々な考え方があります。

結納品を購入した場合、結婚式当日まで飾っておきます。その後は、目録は名前が入っているので記念として保存。鰹節や昆布、スルメなど食べられるものは食べてしまいます。と以前は言っていたのですが、防腐剤が塗ってあるので食べないでください、というお店と真空パックです食べてくださいという店がありました。結納品はデパートの結納品売り場で購入したら確認しておきましょう。

結納品に結んである水引は、紙縒《こより》りを薄い水糊の中に浸して引っ張って作られたもので、日本独自の工芸品ですから記念に保存しておきたいものです。

一般的には暮れに近くの神社で古いお札をお焚きあげの時に、燃やしてもらいましょう。神社によっては費用を収める必要があるので注意しましょう。

相手の都合も考えて招待状は1か月前には出しましょう

招待状は遅くとも1か月前に届くようにするのが常識です。先方のお時間を頂くのですから余裕をもって発送しましょう。

以前は差出人がお父様というのが一般的でしたが、最近二人の名前での招待状が多くなっています。しかし、ご招待するお客様はご両親とも相談することが大事です。ご両親がぜひお招きしたい方がいらっしゃるかもしれません。

また、地方からご出席していただきたい恩師の場合は「追伸」で、宿泊などの準備はこちらでご用意させていただきますとの一言を添え書きしましょう。よく耳にするのは卒業生の結婚式への出席が経済的に負担になるという声です。

結納は恋人同士が婚約者になる大切な儀式です

最近は「結納」をしないで両家の食事会で済ませるカップルが多いのですが、結納は皇室の「納采の儀」にあたる大切な儀式です。

結納の歴史は日本書紀にも記述されているほど歴史のある結婚式の儀式のひとつです。

以前は、結婚式前の儀式として、必ず行っていた儀式ですが、最近は両家の食事会で済ませるのが一般的になってしまいました。

しかし、日本人の繊細な技術で仕上げられた結納品を飾って両家が、会食会の前に結納を行って、思い出を増やすのもいいと思います。

日本間なら床の間に結納品を一組飾って両家で挨拶し、結納品の目録を交換するだけでも婚約者としの立場がはっきりし、世間にも婚約者として認められるのです。

また、その場で男性から女性に婚約指輪を贈り、女性から記念品を贈るのも新鮮な結納式になります。友人が幹事になって会費制で婚約パーティを開き、皆の前で、エンゲージリングを渡すプログラムを作るのも素敵です。パーティに参加する友人達の中から新しいカップルが誕生するかもしれません。

のし袋の上書きには決まり事があります

お客様から頂くお祝いの表書きのほとんどは「寿」の文字ですが、「御祝」と書く方もいらっしゃいます。

お招きしたお客様への引き出物には「寿」か「内祝」と書きます。

最近は心付けを出す方は少ないようですが、当日特にお世話になった介添えさん、美容師さんへはささやかでも「寸志」と書いて差し上げる昔からのしきたりがありました。

お祝いごとですから「お裾分け」と呼ぶより、「お福分け」のほうがよいのではと思っています。

引き出物選びで苦労したのは昔のことで、いま人気なのはカタログギフトです。

水引は目的によって色、結び方が違います。結婚式は結びきりです

水引については結納品ところで、お話ししていますが、日本の伝統工芸のひとつで、和紙を紙縒りにして薄い糊に浸し、引っ張って作ることから「水引」と名付けられ、乾かして使います。

水引は結んだあとほどくと糊が剥げてしまうので一度しか使えません。

特に結びきり、鮑結びは結婚式だけに使います。

また、二度とあって欲しくない仏事にも、白黒の水式を結びきりで使います。

昔は品物を贈るときは奉書に包み麻紐で結んだことが始まりという説もあります。

《結びきり》

結婚式だけに使われます。水引は向かって右が赤、左が白になるように10本の水引で固結びにします。水引の色を白黒にすれば仏事用に。

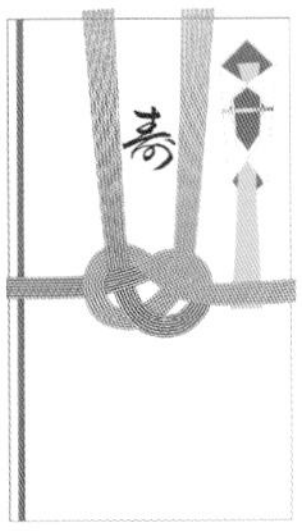

《鮑結び》

「淡路結び」と呼ぶ土地もあります。この結び方は結びきりを豪華に見せるための結び方で、紅白の水引は結婚式、白黒の水引は仏事に。

《蝶結び》

結婚式以外のお祝い事に使われる結び方です。
結びきりと違ってお祝い事は何度あってもよいという意味を込めてほどける結び方に。

あまり知られていませんが神社の結納式は古式に則って行います。

神道では神様に二人の婚約を報告する「婚約報告式」を行っています。

休日は結婚式を挙げるカップルが多いのですが、平日でしたら「婚約報告式」を受けていただけると思います。

神道の「婚約報告式」は神官がご神前に両家納品をお供えしお祓いして、祝詞奏上を行い、結納品は神官がそれぞれに渡します。

次に杯事を行いますが、結納では一献だけ盃を頂きます。続いて女性には婚約指輪、男性には記念品を贈ります。式の後は食事会をします。

神道では式が終わった後に食事することを直会《なおらい》といいます。
この直会を両家の会食会にすればよいでしょう。

以上のように、玉串奉奠、一献の儀などがあるので、神前結婚式のリハーサルと考えてはいかがでしょう。

女性は振袖、訪問着、男性はダークスーツの準礼装、お母様は無地の一つ紋付か、訪問着が改まった雰囲気に合うでしょう。
料亭、ホテルの一室で行うときは、両家の両親だけが出席するのですが、神社の結納は親族にもご出席していただけます。

★神社の結納式の式次第

1 入場着席	2 修祓	3 献饌	4 祝詞奏上	5 結納の儀
6 一献の儀	7 玉串奉奠	8 記念品交換	9 直会	

贈り物に付ける熨斗《のし》はどんな意味があるか知っていますか

贈り物を買うとき「熨斗はお付けしますか」と聞かれることがありますが、熨斗の意味を知っていますか。

水引を印刷した掛紙の右肩に付けてあるのが熨斗です。今は黄色のビニールを熨斗に見立て、紅白の紙型で包んだデザインになっていますが、本来は鮑をかつら剥きにして、干したものを和紙で包んだものが「鮑熨斗」で贈答品に付けたのです。

その意味ですが鮑は新鮮であることの表れで、中身は新鮮ですよ、ということで、魚など生ものを贈るときは熨斗を付けないのが決まり事です。

また、熨斗は不祝儀のときは付けません。

こんな些細なことでも昔から伝わっている決まり事を覚えておくと新生活の中で役立ちます。

花嫁衣裳に多く見られる伝統的な吉祥文様セレクション

日本人の感性から生まれた文様の素晴らしさ
花嫁の衣裳に写された様々な文様は先人達の美意識の結集です。
文様の名前やいわれを知ると和装が一段と楽しくなることでしょう。

御所車

〔ごしょぐるま〕

京都御所の周辺で使われた貴族の乗り物。古典的な雅な文様として用いられます。御所車の車輪をデザイン化した文様を《源氏車》と呼び、独立して使われることも。

鳳凰

〔ほうおう〕

古代から中国では瑞鳥と呼ばれ、おめでたい鳥として尊ばれています。瑞鳥は空想上の鳥で、飛鳥時代から用いられている格調高い文様。

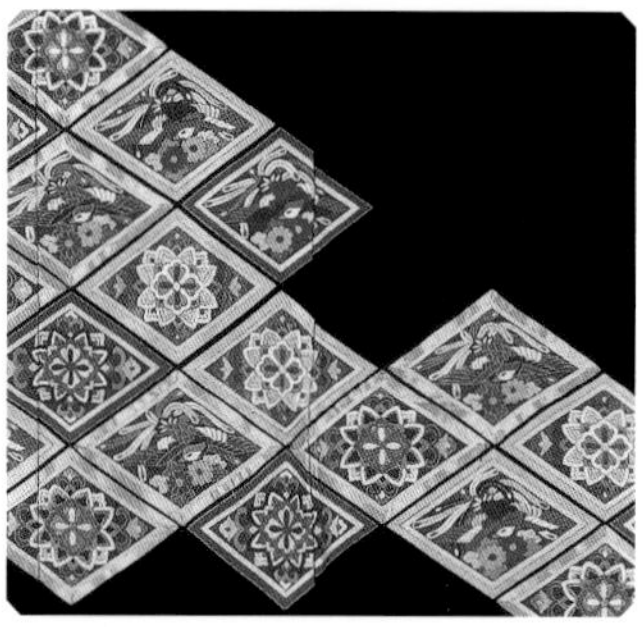

格天井文

〔ごうてんじょうもん〕

格天井は方形に組んだ天井のことで神社仏閣のお堂の天井に見られるデザイン。枠の中に様々な模様を埋めたものを格天井文と名付け、礼装のきもの、帯に多く使われています。

几帳

〔きちょう〕

平安朝の頃、御殿の部屋の間仕切りに使われていた今でいうパーテーション。平安時代の雅な風景を描いた御所解文様のひとつです。

流水

〔りゅうすい〕

水の流れの美しさをとらえた文様は、様々な名前が付けられています。観世水、光琳水などが古典文様として知られています。流水に紅葉を添えた模様は竜田川といいます。

鶴文様

〔つるもんよう〕

鶴は千年、亀は万年といわれるほどおめでたい文様。光琳の鶴、千羽鶴など、様々な鶴の姿が文様として使われています。

鬘帯文

〔かずらおびもん〕

鬘帯は能装束のひとつで、面を着ける前に髪を押さえるために額に巻く細い帯のこと。その中に刺繍や箔で繊細な模様で埋めたものを図案化した文様です。

花車

〔はなぐるま〕

平安時代の貴族たちが乗っていた牛車に、花を積んだ美しい花車を模様に。四季の花々を描いているので季節を問わず、振袖、色打掛に使われる古典文様。

雪輪文様

〔ゆきわもんよう〕

自然を愛する日本人の感性から生まれた文様のひとつ。雪の結晶を円形に描いた文様です。雪輪の中に花々を埋めて使います。

雲文様

〔くももんよう〕

雲のたなびく様子を染めや織りで表した文様で、様々な形があります。鶴を配することが多く、雲に鶴を添えた雲鶴文様など、慶事のきものの文様によく使われます。

貝桶

〔かいおけ〕

蛤は同じ貝でないと組合わせられないことを遊びにした《貝合わせ》の貝を入れておく貝桶。桶には螺鈿などが施され、それを文様にした雅な模様です。

正倉院文様

〔しょうそういんもんよう〕

奈良の正倉院に納められている数々の文様を総称して呼びます。想像上の動物や植物をデフォルメした文様は、現代でも古さを感じさせず格調高さを感じます。

短冊

〔たんざく〕

和歌、俳句のほか、絵などを書く縦長の厚紙の名前で、歌人、俳人が好んだ美しい短冊はきものの文様として古くから使われています。

桜文様

〔さくらもんよう〕

日本を代表する花だけに様々な形で文様化されており、花嫁衣裳には枝垂れ桜が多く使われます。桜づくしは春の文様とされていましたが、今は四季を通じて使われています。

向鶴文

〔むかいつるもん〕

この文様は有職文様のひとつ。鶴を左右、上下に向かい合わせてひとつの文様にしています。鶴の他に蝶を向かい合わせにした《向蝶文》もあります。

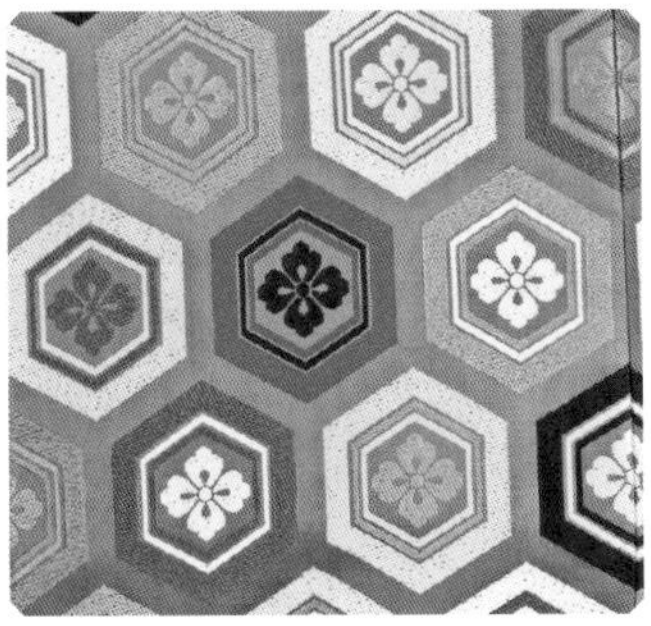

亀甲文様

〔きっこうもんよう〕

正六角形の幾何学文様。亀の甲羅に似ていることから名付けられました。鶴亀は慶事柄の代表として使われる、有職文様のひとつ。

束ね熨斗

〔たばねのし〕

熨斗紙の右肩に添えられる熨斗は、干し鮑を奉書に包んだもので、それをデザイン化したものが束ね熨斗です。熨斗の中に様々な吉祥文様を埋めて使われます。

霞文様

〔かすみもんよう〕

実際には目にできない自然の現象を絵にしてしまう日本人の感性から生まれた代表的な文様。《エ霞》《刷毛目》などがあり、多くは金銀の箔使いで使われます。

扇面

〔せんめん〕

扇は要から広がる末広がりの形から「末広」とも呼ばれ、慶事にふさわしい文様の一つとして、白無垢の地紋を始め振袖、留袖、帯などに使われます。

竹文様

〔たけもんよう〕

「松竹梅」は代表的な吉祥文様のひとつです。冬の寒さに耐え、しなやかで強い竹の姿は古くから愛され、慶事の文様として多く使われています。

蝶文様

〔ちょうもんよう〕

昆虫の図柄が少ないきものの模様の中で、形の美しさ、飛ぶ姿の可憐さから、蝶は平安朝の時代から衣装に用いられ、揚羽蝶、熨斗蝶、向蝶、など様々に使われます。

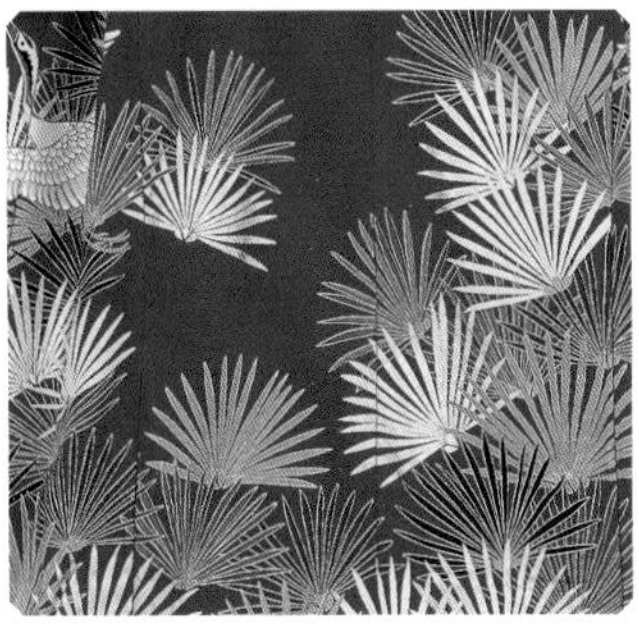

若松

〔わかまつ〕

お目出度い文様の代表である「松竹梅」だけに、松文様は種類が多いのですが、若い松を文様にした若松の新鮮さから花嫁衣裳に、多く取り入れられています。

特別対談

神社結婚式とウエディングドレス

ドレスで挙式ができる神社が少ないなか、日枝神社で執り行われるドレス挙式が注目されています。ウエディングファッション業界の第一人者桂由美さんをお招きして、今後の神社でのドレス挙式や神前結婚式についてお話をうかがいました。

ユミカツラインターナショナル
代表取締役
桂由美

日枝神社・日枝あかさか婚礼支配人
内田博之

ドレスでも執り行うことができる、日枝神社での挙式

飯田　桂さんは神前結婚式には昔から興味がありましたよね。

桂　私は昭和生まれの根っからの日本人で、日本の美しい伝統を心から愛している人間です。伝統と革新をモットーに仕事をして来ました。出雲大社や宮地嶽神社でファッションショーを行ったのも神前結婚式に特別な思いがあったからなのです。

飯田　ドレスでの神前結婚式も提案されてましたね。

桂　以前より、新しい試みとして提案しているのですが、浸透しているとは言い難い状況です。

飯田　神社での挙式は衣裳に厳格な決まり事はあるのでしょうか。

内田　各神社の裁量にまかされています。

飯田　日枝神社でドレス挙式を作られた経緯や周囲の反応などをお聞かせいただけますか。

内田　以前からドレスでの挙式は行っていたのですが、和装でも洋装でも正装であれば受け入れるのが当然だと思っています。今では年間で10組ぐらいの方がドレスで式を挙げられます。それでも、ドレス挙式ができることを驚かれる方が多いですね。

飯田　式次第はどうするのですか。

内田　ドレス挙式だからといって、変ることはありません。玉串を奉りて拝礼も行っていただきます。

飯田　ドレスで挙式ができる神社は少ないと思うので、日枝神社が情報発信を続けていくことで追随される神社も増えてきそうですね。

桂　しかし現状のウエディングドレスでは神道のウエディングにイメージが合いません。神社ウエディングに相応しいデザインを出したいと思います。日枝神社でファッションショーを開催し、ドレスで挙式ができることを発信することもできますね。

内田　とても魅力的なご提案ですね。

桂　私の考えの根底には「日本の美」というものが根付いています。パリコレ発表の作品にも日本らしさを取り入れています。例えば、中はプレーンなドレスにして、打掛をガウン風に羽織らせるだけでも日枝神社の社殿に映えますよ。

内田　素敵です。これなら神前結婚式にもお勧めしやすいですね。

飯田　桂さんは神社でショー以外にもイベントを行っていましたよね。

桂　アニバーサリーウエディン

Special Daialogue

Yumi Katsura
Hiroyuki Uchida
Miyoko Iida

生田神社で開催されたアニバーサリーウエディングには４組のご夫妻が参加

グですね。結婚記念日を祝うことを提唱してます。日本人は結婚式にはお金をかけて盛大にするけれど、記念日を祝うことはあまりしていないので、その運動を三年前から行っています。

飯田　生田神社でイベントを行いましたよね。

桂　結婚後、10、25、35、55年目を迎えた4組のご夫婦に参加してもらいました。皆さん、お互いに「惚れ直した」とおっしゃっていました。また、その子供達は「年中、喧嘩している親をみているので結婚には興味を失っていたけれども、今日は、結婚は良いものだと感じました」、さらに、参加された友達などは「結婚式はやるべきものだと思った」などの意見をうかがい、心からこのイベントを開催してよかったと思いました。

「人生の節目を白の盛装で迎えていただきたい」との思いで企画されたユミカツラ55周年のアニバーサリーウエディングショー

飯田　日枝神社の方ではアニバーサリーウエディングは行っているのですか。

内田　プランも用意しております。スーツの方が多いのですが、桂さんのお話を聞いて、ドレスのプランを検討してもいいのかと思いました。

飯田　結婚式についての今後の取り組みなどはいかがですか。

桂　欧米のように、日本でもシビルウエディング、つまり婚姻届け提出を儀式にしてはどうかと考えています。欧米では市庁舎の中にセレモニールームがあってそこで結婚届受理証明書が渡され、2週間ほど結婚式が掲示されます。日本のように代理人や郵送は受け付けません。

白無垢をガウン風にアレンジした神前結婚式にもお勧めの装い（2018年秋冬ユミカツラパリクチュールコレクションより）

内田　日本では証明書が発行されていることも知らない人が多いかもしれませんね。

飯田　行政側がもっと積極的になってくれるといいのですが。

桂　儀式化するためには司式者が必要なのですが、日本ではまだまだ人数が少ないのが実情です。全日本ブライダル協会では司式者の養成に力を入れるようにしました。これで、婚姻届受理証明書を全日本ブライダル協会で資格をとった司式者が代読することで儀式化する道筋をたてたのです。

内田　日本では手続きの一環となっており、あまりにも事務的ということですね。

桂　神前結婚式の最後で婚姻届け受理証明書を神職が読み上げてはどうかと思っています。婚姻届けが提出されて、夫婦であることを国が認めているわけですから、そのことも同時に祝福すればいいのです。

内田　新しい試みをご提案いただく事で神前結婚式に興味を持つ方が増えるかもしれません。

飯田　パイオニアである両社のお話から、日本の結婚式が変わってくる予感がしています。また、アイデアをお聞かせ願いますでしょうか。本日はありがとうございました。

和婚塾塾長
飯田美代子

格式高い

神社結婚式&和婚

古来より変わることなく守り続けられてきた
式次第に則って行われる厳かな儀式。
人生最良の日に、いつまでも記憶に残る
結婚式が叶う舞台を厳選して紹介します。

東京大神宮
東京大神宮マツヤサロン

日本橋日枝神社

東郷神社
ル アール東郷
ラ・グランド・メゾン HiroyukiSAKAI

寒川神社
相模國一之宮寒川神社参集殿

芝大神宮　芝東照宮
芝大神宮・芝東照宮　婚礼相談サロン

日枝神社
日枝神社結婚式場 日枝あかさか

明治神宮
明治記念館
FOREST TERRACE 明治神宮

日枝神社
ANA インターコンチネンタルホテル東京

新潟縣護國神社
迎賓館 TOKIWA

日蓮宗総本山
身延山久遠寺

1. 雄蝶と雌蝶が、かつての伊勢神宮祭主である北白川房子様から賜った祝婚歌の調べにのせて優美に舞う「豊寿舞（とよほぎのまい）」 2.3.4. 大切に受け継がれている伝統の儀式、「玉串拝礼」、「三献の儀」、「修祓（しゅばつ）」 5. ふたりの門出を祝して菊の花を手にした巫女が舞う「豊栄舞（とよさかのまい）」

東京・飯田橋

東京大神宮
東京大神宮マツヤサロン

「東京のお伊勢さま」として親しまれている、神前結婚式創始の神社

「東京のお伊勢さま」で幸せのご縁を結ぶ

明治13年（1880）に伊勢神宮の遥拝殿として創建され、東京で〝お伊勢参り〟が叶う「東京のお伊勢さま」として親しまれている東京大神宮。

御祭神は伊勢神宮と同じ天照皇大神、豊受大神のほかに結びの働きを司る、「造化の三神」をあわせ祀っています。

明治33年（1900）に、皇太子殿下（後の大正天皇）の御結婚の礼を記念し、一般の人に向けた神前結婚式を初めて執り行った神社としても広く知られ、現在も伝統の婚儀を守り続けています。

JR・地下鉄飯田橋駅から徒歩5分の立地は、東京駅からも近く、近隣には宿泊施設も多いため、遠方からのゲストも安心して出席いただけます。

夫婦の絆はもちろん、多くのゲストとのご縁を紡ぐことができる格式高い結婚式が叶います。

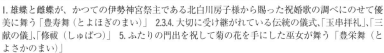

6. 境内で一番の撮影スポットである社殿前で人生最良の一枚を　7. 総勢13人の神職、巫女、楽人たちが奉仕する東京大神宮の結婚式　8. 境内をご神前へと向かう「参進の儀」から始まる厳かな婚儀

1. 4.80名まで着席可能な加賀百万石で知られる旧前田侯爵邸を移築した「神路の間」。古来の技法を現代に伝える小組格天井とレトロモダンなシャンデリアなど品格のある調度品が魅力の空間で趣向を凝らした演出を　2.「神路の間」専用控室「蓬莱の間」ではゲストが披露宴までのひとときを過ごせる　3. 歴史的建築物での披露宴は、格式高い東京大神宮ならでは

築100年以上、歴史的建造物
旧前田侯爵邸で至高のひととき

神前結婚式創始の神社での挙式後は、隣接する「東京大神宮マツヤサロン」で披露宴を。新郎新婦の希望を叶える4つの会場を備えています。

とりわけ人気があるのは、加賀百万石、旧前田侯爵邸を移築した客殿「神路の間」です。東京大学赤門内にあった侯爵邸を昭和3年（1928）に移築した、歴史的にも大変価値のある建造物はつややかな黒漆塗りの千本格子や、レトロな調度品、緋色の絨毯などが施されており、映画のワンシーンに登場しそうなクラシカルな雰囲気に包まれています。

一世紀もの歳月が育んだ、贅と気品あふれる空間は、他では類がなく、一線を画している至極の会場です。

さらに、「神路の間」には、古き良き時代を感じさせる落ち着いた趣の専用控室「蓬莱の間」が備わっています。

「蓬莱の間」ではドリンクのサービスなども受けられるので、披露宴を待つ間のゲストたちの期待も膨らみ、これから始まる祝宴への最高の演出となることでしょう。

1.白を基調にした明るく上質な空間が人気の「五十鈴の間」。150名での利用が可能なので、広さを生かした演出や余興にもぴったり　2.邸宅のような雰囲気で、気が置けないゲストとの会話も弾む「重浪の間」。少人数でも対応可能　3.大きな窓から陽光がふりそそぐ、和風モダンをイメージした会場の「瑞穂の間」。80名まで着席可能　4.バンケットやロビーから見る、神社建築を代表する美しい千木(ちぎ)と鰹木(かつおぎ)にも注目を

二人の希望を叶える
コンセプトの異なるバンケット

東京大神宮マツヤサロンには新郎新婦が望む披露宴を実現させる、4つのバンケット、「神路の間」、「重浪の間」、「瑞穂の間」、「五十鈴の間」を備えています。気心の知れたゲストとの披露宴なら、「重浪の間」がおすすめです。欧州の大邸宅のリビングのような雰囲気の中、全てのゲストと心ゆくまで会話を楽しむことが叶います。

漆喰の壁と落ち着きのあるブラウンカラーで和風モダンな空間を演出している「瑞穂の間」は80名までのゲストにお席を用意することができます。

また、ゲストハウスタイプの「五十鈴の間」は最大150名までのゲストに対応が可能です。ホワイトカラーを基調に美しいシャンデリアが配された豪華なバンケットは大きな窓から陽光が降り注ぎ、明るさと開放感あふれる会場です。

1.2.3.4. スタンダードの婚礼料理は「春祝盃」、「夏彩」、「秋美食」、「冬華」の各コースを用意。どれも季節ごとの一番美味しい旬の食材を使った自慢のコース料理　5.「東京のお伊勢さま」として親しまれている東京大神宮ならではの1日1組限定の特別料理「伊勢懐石料理」。ゆかりの深い伊勢の食材がふんだんに使用されている

生涯最高の日の特別メニュー 1日1組限定の伊勢懐石料理

ゲストも楽しみにしている披露宴での料理。一生に一度の特別な日におすすめしたいのは「伊勢懐石料理」です。

夏は三重県産和牛、冬は伊勢エビなど、伊勢の豪華な食材をふんだんに使った特別料理は、1日1食限定で提供される人気の料理。心ゆくまで味わってほしい逸品揃いです。

このほか、和洋折衷の万葉懐石、日本料理、フランス会席なども各種用意されております。

旬の食材はもちろんのこと、東京大神宮とゆかりの深い伊勢というエリアにもこだわった、味わい深い祝膳はゲストへの感謝の気持ちを表す、心からのおもてなしとなるはずです。

東京大神宮マツヤサロン

TEL.03-3234-6611
https://www.daijingu-matsuya.com/

所在地 東京都千代田区富士見 2-4-1
交通 JR 飯田橋駅西口より徒歩５分、東京メトロ南北線・有楽町線・東西線、都営大江戸線飯田橋駅 B2a・A4 出口より徒歩５分
営業 10：00 ～ 19：00（無休／年末年始休業あり）
駐車場 駐車場／近隣にあり（有料）

～ブライダルプラン～

挙式・会食プラン

少人数プラン「ほのか」
22 万 7000 円（10 名。1 名増 1 万 9250 円）
人気シーズンの婚礼も間に合います。選りすぐりの衣裳が特別料金で。２名からご利用可能です。
※コスチュームプランとの組み合わせでご利用いただけるプランです
※別途東京大神宮挙式料 15 万円
内容 料理、フリードリンク、会場装花、部屋代、介添料、スタジオ写真、テーブルクロス他
適用 2022 年 8 月 31 日以降に新規来館の方

～ブライダルフェア～

月に１度！大型ブライダルフェスタ

開催日 9/4（日）、10/15（土）、11/6（日）、12/11（日）
開催時間 10：00 ～ 19：00
要予約・無料
東京大神宮マツヤサロンのすべてがわかるフェア。厳かな模擬挙式から、こだわり料理の試食まで盛りだくさん。
内容 模擬挙式、和・洋模擬披露宴、試食会、料理展示、衣裳見学、会場コーディネート

1

4

3

2

1.2.3.4. 朱色の柱と緑の屋根のコントラストに煌びやかに装飾された社殿や神門が可憐な花嫁を一層引き立てる。白無垢でも、ドレスでも花嫁にとって一番の撮影スポット

東京・溜池山王

日枝神社
日枝神社結婚式場 日枝あかさか

山の神の使い、神猿が縁を結う。白無垢でも、ドレスでも希望が叶う山王婚儀

変わることのない儀式で今のスタイルに合った挙式

首相官邸、国会議事堂に近く、まさに日本の政治の中心に位置する日枝神社。

山の神を祀っている高台にある社殿は、緑の屋根と朱塗りの柱とのコントラストが美しく、オフィスビルに囲まれていながらも、境内には緑があふれ、常に凛とした空気がはりつめています。

婚儀は境内に響き渡る大太鼓の音を合図に始まります。神殿まで進む「参進」では、参列者はもちろんですが、多くの参拝者からも祝福されます。

神殿で執り行われる厳かな儀式は和装だけでなく、洋装のドレスでも行うことができ、新しい時代の神社婚が叶います。

また、境内には花嫁花婿が映える多くの撮影スポットが点在。

山王の杜の豊かな自然美、荘厳で神秘的な社殿や神門、末社の参道、山神様の使いである神猿像と一緒に撮影をしたりと、由緒ある神社ならではの生涯あせることのない一枚を残すことができます。

5

7

8

6

5.7.8. 四季の彩り豊かな山王の杜。境内も緑深く、藤や桜など季節の花々が花嫁をより華やかに　6. 末社「山王稲荷神社」の稲荷参道は写真映えがする人気の撮影スポット

1.2.3. 白無垢でもドレスでも花嫁の希望が叶う挙式は、伝統の式次第に則って執り行われる　4. 山の神の神使、神猿（まさる）を象った、オリジナルのかわいらしい引出物。「魔（ま）が去（さ）る」といわれ、縁起が良い　5. はりつめた雰囲気の御神殿。天井には、武蔵野を彩った百花草木に鳥虫を加えた123枚もの絵が掲げられている

グレードアップ可能な2つのプランと可愛らしい引出物

挙式プランの中から特にお勧めするのは「ことほぎプラン」と「ドレス挙式プラン」です。

前者は歴史ある格式高い神社で最高位の礼装、白無垢の支度が叶います。気の置けない参列者に伝統の儀式による結婚の奉告を見届けてもらう、少人数での挙式を希望するお二人にもぴったり。

後者はドレス挙式に憧れている新婦のためのプランで、数々のドレス挙式を叶えてきた、日枝神社のノウハウを活かして創出された令和時代の新しい神前結婚式。儀式は伝統を受け継ぎ、スタイルにおいてはカップルの要望に柔軟に対応する日枝神社ならではのプランであり、どちらのプランも数多くの衣裳・ドレスから選択できるグレードアッププランも用意されています。

また、引出物にも注目です。日枝神社の神様の使いである神猿をモチーフにした可愛らしい「まさる」の引出物は様々な良い御縁が頂けるとされ、これからの二人と参列者を今まで以上に固い絆で結んでくれると好評です。

〜ブライダルプラン〜

神社で衣裳・お支度をご希望の方

ことほぎプラン
627,950円〜　※白無垢・洋髪綿帽子
内容 挙式初穂料・会館使用料・介添料・紋服・白無垢・美容着付・挙式写真データ・挙式ビデオ

洋装で挙式をご希望の方

ドレス挙式プラン
585,380円〜
内容 挙式初穂料、会館使用料、介添料、タキシード、ウエディングドレス、美容着付、挙式写真、挙式ビデオ
※ブーケ・ブートニアはご自身でご用意ください。

1日1組、平日限定での前撮り特典がついた特別プラン

前撮り ロケーションフォトプラン
261,030円〜
内容 衣裳、美粧、写真
※「ことほぎプラン」「ドレス挙式プラン」を申し込んだ方限定のプラン

1.2.3. フォーブス５スターホテル「ザ・キャピトルホテル 東急」での披露宴には、特別プランの「山王プラン」が用意されている。スイートルームへの宿泊ができるので、人生最良の日を最高の空間で過ごすことが叶う　4. 緑が清々しい日本庭園では和装での撮影がおすすめ　5. 隈研吾氏の「斗栱（ときょう）」をモチーフにした意匠を背景に。和装にも洋装にも映える人気の撮影スポット

魅力あふれる 多彩な提携会場での披露宴

披露宴を希望するカップルには日枝神社挙式の特別プランのある提携会場がおすすめです。

その中でも、日枝神社に隣接する「ザ・キャピトルホテル 東急」ではスイートルームの宿泊などの特典が付く「山王プラン」を用意しています。

ラグジュアリーな非日常的な空間、こだわりの料理や洗練されたサービスでゲストをもてなす披露宴は、二人にとっても忘れられない人生最良の一日となるでしょう。

ザ・キャピトルホテル 東急

TEL.03-3503-0109（代表）
https://www.capitolhoteltokyu-wedding.com/

所在地 東京都千代田区永田町 2-10-3
交通 東京メトロ千代田線・丸ノ内線国会議事堂前駅６番出口より地下直結、銀座線・南北線溜池山王駅６番出口より地下直結
営業 10：00 ～ 18：00
駐車場 150 台

日枝神社結婚式場 日枝あかさか

TEL.03-3502-2205（ブライダルサロン）
https://www.hieakasaka.net/

所在地 東京都千代田区永田町 2-10-5
交通 東京メトロ銀座線・南北線溜池山王駅７番出口より徒歩３分、千代田線・丸ノ内線国会議事堂前駅５番出口より徒歩５分、千代田線赤坂駅２番出口より徒歩５分
営業 9：00 ～ 17：00（年中無休 ※衣装・美容・写真は火曜・年末年始定休）
駐車場 20 台（無料）

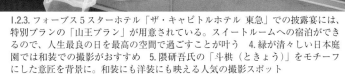

1.7.オフィスビルがひしめく金融街にある日本橋日枝神社。「山王さん」の名で親しまれ、金運があがると伝わる　2.社殿、鳥居、御神木と天空を見上げていることから運気が上がると伝わる狛犬を入れて、いつまでも記憶に残る一枚を

東京・日本橋

日本橋日枝神社

天を仰ぐ狛犬で運気上昇
１日１組限定の特別な神前婚

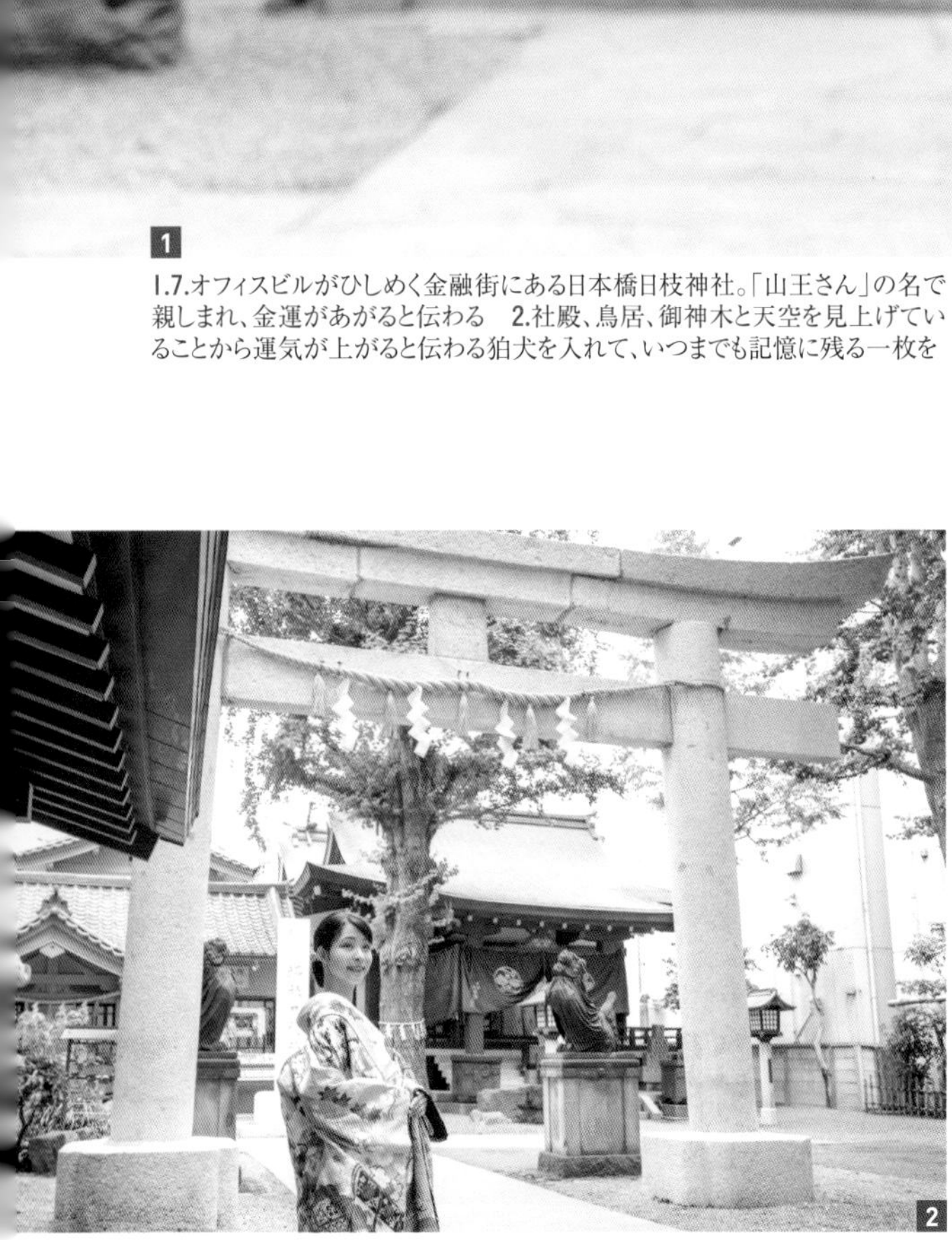

衣裳も会場選びも自由自在
挙式のみのシンプルスタイル

徳川家とゆかりのある永田町の日枝神社。その摂社である日本橋日枝神社は、「神幸祭」の御旅所として知られる由緒ある神社です。

境内に置かれている天を仰ぐ狛犬は運気上昇に繋がると、金融街・日本橋兜町に勤務する多くのビジネスパーソンが訪れます。

一日一組限定で執り行われる婚儀は挙式だけのシンプルなスタイルなので、衣裳から着付け、美容、披露宴会場などが自由に選べるほか、写真撮影がメインの結婚奉告式も受け付けていま

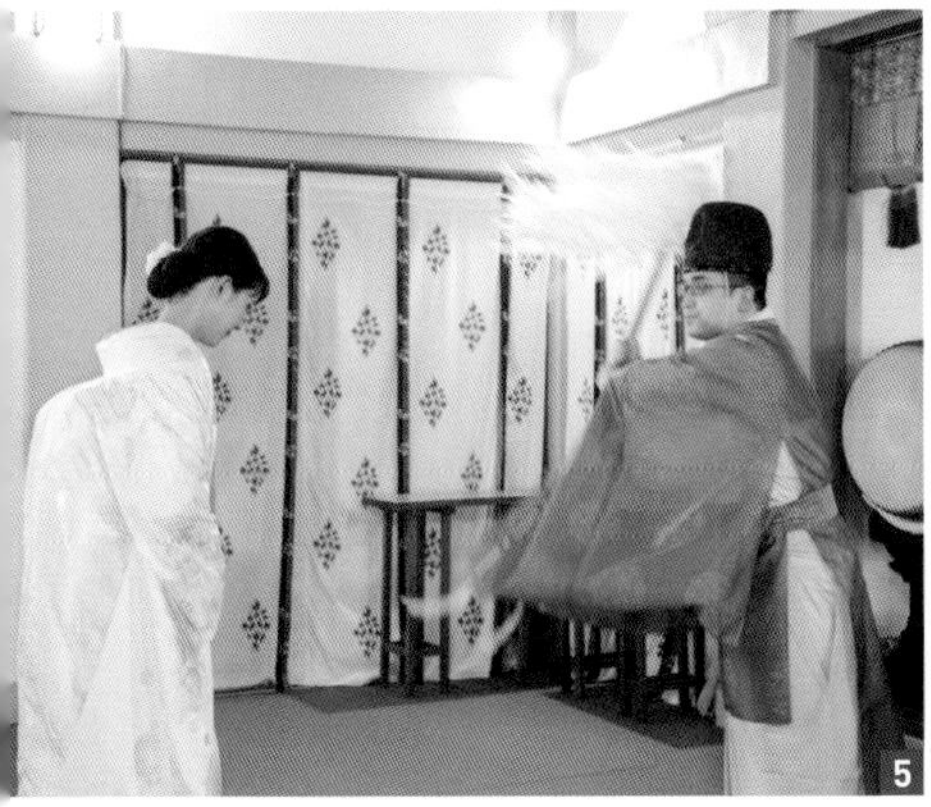

3.御神域に続く廊下も張り詰めた雰囲気の中で貴重な一枚を残せると人気のスポット　4.境内に咲く紫陽花が花嫁に彩りを添える　5. 1日1組限定で執り行われる厳かな挙式。披露宴会場などは近隣の料亭やレストランなどを紹介してくれるので気軽に相談を　6.古来より変わることのない伝統の儀式、願いを込めて榊を捧げる、玉串拝礼

す。

祖母から母、母から娘へと大切に受け継がれた着物を身にまといたい、二人の思い出のレストランで親しいゲストをもてなしたいなど、こだわりの結婚式にしたいカップルに注目されています。

巫女に導かれ社殿へと歩を進める参進に始まり、神職による修祓、祝詞奏上、夫婦固めの盃など、古来より受け継がれた儀式に身も心も引き締まります。

日本橋日枝神社

TEL03-3666-3574
https://www.hiejinjanihombashisessha.tokyo/

所在地 東京都中央区日本橋茅場町 1-6-16
交通 東京メトロ東西線・日比谷線茅場町駅から徒歩1分。銀座線・東西線、都営地下鉄浅草線日本橋駅から徒歩５分

東京・元赤坂

明治神宮
明治記念館／FOREST TERRACE 明治神宮

時を経ても美しく、誇らしい語り継がれる二人のウエディング

1.厳かな空気に包まれた中を、花嫁と花婿、その家族や親族たちが一歩、また一歩と「参進」します。この光景は、まさに美しい日本の結婚式。この瞬間の思い出は、忘れられない晴れやかな思い出として胸に刻まれることでしょう　2.さしかけられた朱傘にほんのり染まる白無垢姿の花嫁が結婚への幸せと決意を秘め、誓いの儀式にのぞみます。愛娘の凜とした美しさに見守る親御様の心にも万感の想いが　3.6.緑が溢れる広大な杜に包まれた境内に、艶やかな花嫁の和装がひときわ映える。幸せを祈る心が込められた一生に一度の花嫁姿を、写真と記憶に焼き付けて　4.自然光が降り注ぎ、和琴をはじめ、雅楽の音色が清らかに響き合う。神前挙式の舞台となる「奉賽殿（ほうさいでん）」には、46名（新郎新婦、媒妁人、媒妁令夫人を含まず）参列可能　5.凜とした空気のなか行われる神前挙式はまさに厳粛そのもの。ふたりが盃を交わす「誓盃の儀」をはじめ、「玉串拝礼」や巫女が舞う「寿の舞」など、儀式一つ一つに深い意味合いが

二人の未来、心の故郷
荘厳な空気が漂う祈りの杜

都心に創られた明治神宮は、明治天皇と昭憲皇太后をお祀りしている神社です。敷地面積約70万平方メートル。全国から献木された10万本から成る祈りの杜には、荘厳で凛とした空気が漂っています。

神前挙式は、広大な杜の中を「奉賽殿」へと向う「参進」から始まります。神職と巫女に導かれて、大切な家族や親族、友人とともに一歩ずつ歩みを進めます。

「奉賽殿」で行われる神前挙式は身も心も改まるとき。雅楽の調べが響くなかで盃を交わし、ふたりは家族として結ばれます。

この瞬間、未来を誓い合ったこの場所が、二人の心の故郷となるのです。

4

5

6

1. 約1000坪もの美しい庭園が広がる明治記念館。芝生の緑と空の青味に、ドレスが映える　2. 国内外の賓客をもてなした会場での披露宴。ゲストにとっても素敵な時間　3. 令和3年にオープンした新たな「儀式殿」　4. 和装・洋装を問わず花嫁姿が品よく映える

日本初の古き良き迎賓館　新たなスタイルの儀式殿

明治記念館本館は、明治14（1881）年に建てられた「赤坂仮皇居御会食所」に由来します。その後、昭和22（1947）年に明治神宮ゆかりの総合結婚式場として、数多くの結婚式を手掛けてきました。令和2年には東京都指定有形文化財（建造物）に指定され、新たな歴史を刻み始めました。

令和3（2021）年には『開かれた儀式殿』をコンセプトに、新たなウエディングステージも誕生。和装だけでなくドレスにもぴったりな誂え、参列者以外のゲストも自由に祝福できる開放的な空間やフォトウエディングや会食のみを考えている二人にも気軽に利用できるスタイルなど、明治記念館が提案する新しい誓いのかたち「結婚奉告参拝」も執り行うことができます。

明治記念館

TEL.03-3403-1177（予約センター）
https://www.meijikinenkan.gr.jp/wedding/

所在地 港区元赤坂2−2−23
交通 JR中央・総武線信濃町駅徒歩3分、東京メトロ青山一丁目駅、都営地下鉄国立競技場駅徒歩6分
営業 平日11：00〜19：00、土日祝10：00〜19：00（無休※年末年始休あり）
駐車場 160台（無料）

〜ブライダルプラン〜
ウエディングプラン多美多様
65万5000円〜（30名。1名増2万1000円〜）
※挙式料は含まれません
内容 料理、飲物、テーブルコーディネート、介添え、サービス料、音響照明使用料
特典 新郎新婦衣裳レンタル最大50% OFF
※ご利用により特典内容が異なります

〜ブライダルフェア〜
プレミアムフェア
要予約・無料
開催日 土、日曜、祝日※要問合せ
開催時間 9：00 〜 19:00
内容 1組ごとのご相談×館内見学、無料試食（シェフの料理解説付き）、花嫁和装試着体験など

明治神宮の杜にたたずむ披露宴会場

明治記念館本館と同様に大変注目されている「フォレストテラス明治神宮」は明治神宮の杜に弧を描くように建てられ、それはまるで高原にたたずむ美術館のようです。

会場は天井や壁面に張り巡らされた木の美しさと間接照明との融合も見事な「欅」（着席108名）や、ご家族でのアットホームな会食が叶う「椎」（着席30名）など装いも様々。

隣接する「桃林荘」は、明治天皇の第二皇子建宮《たけのみや》敬仁《ゆきひと》親王のかつての御殿。純日本家屋で一棟貸し切りの贅沢な披露宴ができると人気です。

明治記念館とフォレストテラス明治神宮なら、きっと二人にふさわしい誓いの瞬間を見つけることができるはずです。

1. 東京都選定歴史的建造物に選定された「桃林荘」。特別な空間での披露宴が叶います　2. 畳敷きに漆のテーブルや椅子が配されている「桃林荘」。少人数での披露宴におすすめ（着席48名）　3.4. 敷地内には撮影スポットが点在している

FOREST TERRACE 明治神宮

TEL.03-3379-9282
https://www.meijikinenkan.gr.jp/foresttterrace/

所在地 渋谷区代々木神園町1-1 明治神宮内
交通 JR山手線原宿駅、東京メトロ明治神宮前駅から徒歩5分
営業 9：00～19：00（無休※年末年始休あり）

～ブライダルプラン～

フォレストテラス明治神宮プラン
桃林荘限定プラン
81万5000円（30名。1名増減2万5000円）
※挙式初穂料別途15万円
内容 料理、飲物、テーブルコーディネート、音響照明使用料、介添え、サービス料
特典 新郎新婦衣裳レンタル最大50％OFF
※ご利用日により特典内容が異なります

～ブライダルフェア～

〔神社挙式希望の方におすすめ〕
明治神宮挙式ご相談会
要予約・無料
開催日 毎日※要問合せ
開催時間 10：00～
内容 1組ごとのご相談

4

東京・原宿

東郷神社 ル アール東郷 ラ・グランド・メゾン HiroyukiSAKAI

原宿 東郷の社で誠実に心と心を繋ぐ 絵画のような景色とこだわりの料理でおもてなし

1

3

2

1.2.4. 幻庭にかかる橋から本殿へ向けて、今日までの思いを噛みしめ、一歩一歩進んでいく　3. 賑わう原宿にありながら、鳥居をくぐると、そこには静けさと安らぎに包まれた別世界が広がる　5. 勝利の神として広く知られる東郷神社は四季の彩り豊かな落ち着いた雰囲気。多くの人が行き交う竹下通りの喧騒からは想像できないほどの自然に囲まれています　6.120名まで参列可能な本殿での神前式。美しい雅楽の調べの中、伝統的な挙式が厳かに行われます　7. 8. 光が差し込む本殿内で行われる玉串拝礼や誓詞奏上などの両家の絆を深める儀式

勝利・夫婦和合の神前で格式高い結婚式を

原宿・竹下通りのすぐそばに位置し、静寂と美しい四季の彩りに包まれている東郷神社。

原宿の杜に鎮座するのは、誠実さと人との絆を大切にし、数多くの尊敬を集めた東郷平八郎。「至誠《まごころ》の神」を祀る東郷神社での挙式は、水上橋を花嫁行列が渡る「庭参進の儀」から始まります。神職に導かれた行列が一歩づつ、緋《ひ》毛氈《もうせん》が敷かれた橋を進む姿はまるで絵物語のような美しさ。

本殿では鳴り響く太鼓の中、至誠の神の御前で誓いの儀式が厳かに執り行われます。

館内は１２０名の列席が可能で冷暖房も完備しているので一年を通して快適な空間の中での式が叶います。

都心にありながら喧騒から離れた日本美あふれる杜で結んだ夫婦の契りは生涯忘れられない、感動の式となるでしょう。

5

8

7

6

1.7. 世界的な建築家隈研吾氏が手掛けたスタイリッシュな外観　2. どの世代でも楽しんでいただけるフランス料理の和洋折衷コース　3. 和も洋も叶う洗練されたルアール東郷。両サイドの窓から自然光が差し込み開放的な空間を演出　4. キッズルームも完備。子供連れのゲストも安心してパーティーを楽しめます　5. 自然光が降り注ぐ明るいエントランスホール　6. ブライズルームで一息を

優美な佇まいの会場
撮影スポットの宝庫

式の後は、自然素材を生かした縦格子が特徴的な世界的建築家の隈研吾氏が手掛けた会場「ルアール東郷」とフレンチの巨匠坂井宏行シェフ集大成の少人数向けレストラン「ラ・グランド・メゾン HiroyukiSAKAI」の選べる2つの会場でパーティを。

大きな窓から自然光が降り注ぐ明るいバンケットは全館が貸し切りのため、他のカップルやゲストに気兼ねする必要がなく、自由なコーディネートでふたりの晴れの日を存分に祝福してもらいましょう。

春は桜、夏には新緑、秋は紅葉、冬は凛とした空気に雪景と四季折々の多彩な表情をみせる会場には多くの撮影スポットが点在しています。

挙式の前撮りも可能です。ルアール東郷の瀟洒な建物や境内の折橋などを背景に、二人だけの自由な撮影が叶うとあって人気です。

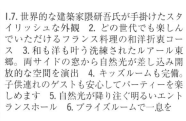

1. 美しい水面と緑が重なり合うテラスでの撮影は人気スポットのひとつ　2.3. 料理の鉄人「坂井宏行」シェフがオーナーのフランス料理をベースにしたオリジナルコース　4.2021 年 7 月オープンの少人数向けレストラン「ラ・グランド・メゾン HiroyukiSAKAI」。北欧風な内装と木の温かみを感じることができる

東郷神社・ル アール東郷 ラ・グランド・メゾン HiroyukiSAKAI

TEL.03-3478-1050
https://www.lehalltogo.jp

所在地 東京都渋谷区神宮前 1-4-20 パークコート神宮前 2F・1F
交通 JR 山手線原宿駅徒歩 6 分、メトロ千代田線・副都心線明治神宮前駅徒歩 5 分
営業 平日 10：00 ～ 18：00、土日祝 10：00 ～ 19：00（定休日／毎週火曜日（婚礼対応可））
駐車場 近隣にコインパーキング有

～ブライダルプラン～

ご結納プラン
180,000 円　(6 名)
内容 料理、お飲物、個室料、結納品 9 品、東郷神社　神職による結納報告祭、受書、風呂敷、サービス料 (飲料 10%)

～ブライダルフェア～

和魂洋才体験

黒毛和牛のコース試食と和と洋のトレンド W 体験
開催日 土・日曜日、祝日
要予約・無料
開催時間 9:00 ～、10:00 ～、15:30 ～
内容 試食会、会場見学会、相談会

神前式×豪華特典

最後の見学に◎見積もり徹底比較フェア
開催日 土・日曜日、祝日
要予約・無料
開催時間 9:00 ～、10:00 ～、15:30 ～
内容 会場見学会、相談会

10 ～ 30 名様向け

神前式×レストランの少人数 W &コース試食体験
開催日 金・土・日曜日、祝日
要予約・無料
開催時間 10:00 ～、15:30 ～
内容 試食会、会場見学会、相談会

最短 30 分で

WEB オンライン相談会 / お見積もり相談会
開催日 土・日曜日、祝日
要予約・無料
開催時間 11:00 ～、12:00 ～、13:00 ～、14:00 ～、15:00 ～
内容 オンラインにて会場見学会、相談会

和装含む豪華ご優待

東郷神社＆披露宴まるわかりフェア
開催日 水 曜 日
要予約・無料
開催時間 11:30 ～、15:30 ～
内容 プチ試食会、会場見学会、相談会

東京・赤坂

日枝神社
ANAインターコンチネンタルホテル東京

最高のおもてなしで創りあげる
「ドラマティック ラグジュアリーウェディング」
伝統の山王挙式と織りなす理想のウェディング

2

3

4

1

7

5

8

粋でラグジュアリー感動のウェディングを

江戸の昔から「山王さん」の名で親しまれている日枝神社は、江戸城の護り神として緑豊かな都心の高台に鎮座する格式高い神社です。その歴史にふさわしく、由緒ある神社での神前式を一流ブランドならではの洗練されたおもてなしで叶えてくれるのが「ANAインターコンチネンタルホテル東京」。

熟練のウェディングチームが30年以上にわたる豊富な経験に基づくノウハウで、生涯忘れることのない最高のウェディングを叶えます。

当日、ホテル内の美容着付室でお支度をしたら、ハイヤーで山王の杜へ。

拝殿へと進む「参進の儀」から始まる伝統の婚儀はすべてが厳粛そのもの。歴史を重ねる神社の本格神前式での挙式とラグジュアリーなホテルでの披露宴は二人だけでなくゲストにも最上のプレゼントになることでしょう。

9

10

6

1. 都心からもアクセスの良い溜池山王駅から徒歩1分。駅から近く、遠方のゲストにも喜ばれる　2. 東京のドラマチックビューを心ゆくまで満喫できるのもブランドホテルならでは　3. 落ち着いた趣の庭園では和装姿が美しく引き立つ　4.9.10. 都心の洗練された景色とホテルならではのラグジュアリーな空間で気品溢れるドレス姿もぜひ写真におさめて　5.6. 日枝神社で執り行われる格式高い結婚式　7. 国内最大級の広さを誇るラウンジ「クラブインターコンチネンタル」。充実したくつろぎのひとときを　8. 新郎新婦には挙式当日もしくは前日に宿泊のプレゼントが

一流ブランドの会場で二人の希望を叶える

高層フロアから絶景を望む少人数向けの会場からスタイリッシュモダンな会場に最大180名まで着席可能な和モダンなメインバンケット、さらに二次会を行うバーラウンジまで、二人の願いを全て実現できるのはブランドホテルだからこそ。豊富な経験に基づくノウハウに国際的な世界観が織りなす洗練された披露宴はラクジュアリーなホテルでの特産です。

ゲストと共に存分にこの瞬間の喜びを分かち合いましょう。

1. 熟練されたウェディングチームによる最高のおもてなしで創り上げるウェディング、「ドラマティック ラグジュアリー ウェディング」 2. 少人数の宴には「リブラ」(25 名着席可能)。37 階の最上階の会場でダイナミックな眺望をゲストとともに 3. 陽光が満ち溢れる「アリエス」(58 名着席可能)。最上階からの眺望を存分に楽しめる 4. 7メートルの天井高があり、開放的な和のテイストで木のぬくもりが漂うメインバンケット「プロミネンス」(80 ～ 180 名着席可能)。プロジェクションマッピングは入場時やケーキ入刀、花嫁の手紙など各シーンの演出に

一流ホテルのシェフが旬の食材で最高の美食を

ゲストも楽しみにしている料理は、厳選された素材を使ったバリエーション豊かなコース料理です。オリジナルコースを創れるセレクトスタイルメニューや当日にゲストがメイン料理などを選べるプリフィックス、さらに3つ星シェフピエール・ガニェールのコースや中国料理までも用意されている。

ゲストの喜ぶ顔を思い浮かべながら選択してみては。

また、高級感溢れる気品を湛えた趣きのバンケットはまさに非日常の別世界の様。各会場で、映画のワンシーンのような撮影が可能です。

2

3

4

5

1

1.〜3. オードブル、スープ、魚料理、肉料理、デザート、シャーベット、(各5種類以上用意)から選択して創るセレクトスタイル。日本料理や中国料理のメニューも組み合わせることで、和洋中折衷コースを作ることも可能　4. 世界で活躍するセレブリティシェフによる「デザートコレクション」 5. 最高の料理でゲストの会話も弾むなごやかな披露宴が叶う

ANA インターコンチネンタルホテル東京

TEL.03-3505-1161
https://anaintercontinental-tokyo.jp/weddings/

所在地 東京都港区赤坂 1-12-33
交通 東京メトロ銀座線・南北線溜池山王駅 13 番出口徒歩 1 分、東京メトロ南北線六本木一丁目駅 3 番出口徒歩 2 分
営業 平日 11：00 〜 19：00、土日祝 9：00 〜 19：00（火・水曜日※祝日は除く・年末年始定休）
駐車場 500 台（無料）

〜ブライダルプラン〜

日枝神社挙式プラン
79 万 5245 円（30 名。1 名増 1 万 8893 円）
内容 料理、飲物、ウェディングケーキ、会場室料、控室料、音響照明、装花、テーブルコーディネート、招待状、親御コンシェルジュ、サービス料
特典 新郎新婦ジュニアスイートルーム宿泊プレゼント（挙式当日または前日）、カラー診断、骨格診断無料カウンセリング、素敵な特典がある WEDDING MEMBERS CLUB への入会、ANA マイレージまたは IHG リワーズポイントプレゼント（披露宴料理・飲物の総額が対象）、列席者宿泊優待、衣裳持込無料、タクシー 10 台無料

〜ブライダルフェア〜

〔婚礼フレンチ贅沢試食〕
上質なホテルウエディング体感フェア
要予約・無料
開催日 毎週土、日曜、祝日
※一部開催をしない曜日もあるので要問合せ
開催時間 9：00 〜 12：00、13：30 〜 16：30
内容 相談会（要予約）、ワンプレート試食（要予約）、会場・コーディネート・引出物などの展示見学（予約不要）

神奈川・相模

寒川神社
相模國一之宮 寒川神社参集殿

二人の未来を見守る 創建 1600 年、全国で唯一の八方除けの古社

由緒ある神社での挙式に参拝者の祝福もうれしい

霊峰・富士を源とする相模川が流れ、凛とした空気が漂う杜に寒川神社があります。「相模國一之宮」と称される神社の歴史は古く、起源は１６００余年前の奈良、平安時代に遡ります。あらゆる方位からの災いを取り除き、福徳円満をもたらす全国で唯一の八方除けの守護神として崇敬され、古くは源頼朝、武田信玄、徳川家代々といった名だたる武将のほかに庶民からの信仰も大変篤く、今に至っています。

唯一無二の八方除けの御神徳を受けられるとあって、寒川神社での神前婚礼は大変人気があります。

参列者だけでなく多くの参拝客の祝福を受けながら、緑の参道を静々と人力車に揺られて御社殿へと向かう「奉告の儀」に始まり、夫婦永遠の契りを結び固める「誓杯の儀」や神前で夫婦になることを誓う「誓詞奏上」など、厳かな雰囲気のなか行われる式では二人の気持ちが一つになっていく瞬間を感じられることでしょう。

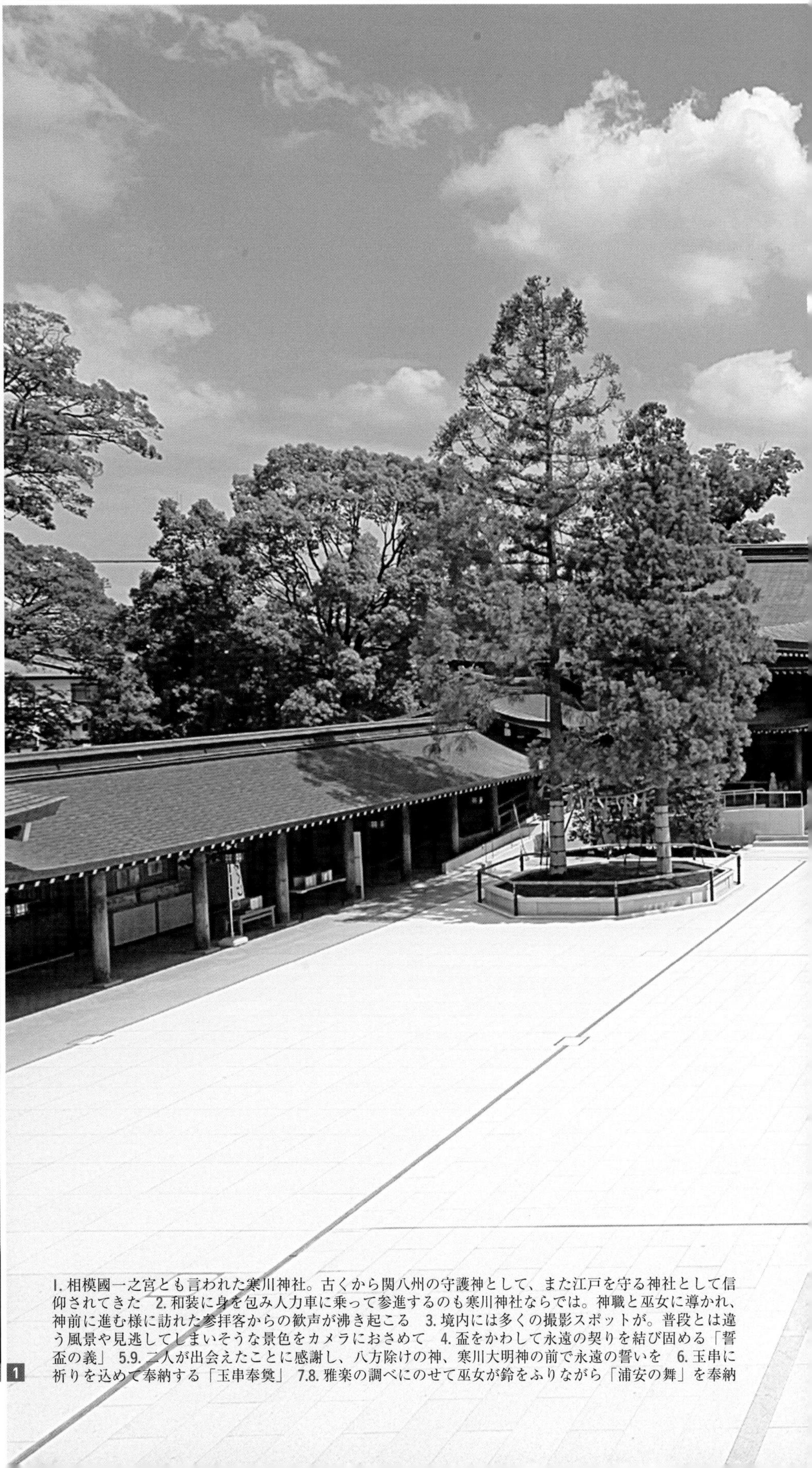

1. 相模國一之宮とも言われた寒川神社。古くから関八州の守護神として、また江戸を守る神社として信仰されてきた　2. 和装に身を包み人力車に乗って参進するのも寒川神社ならでは。神職と巫女に導かれ、神前に進む様に訪れた参拝客からの歓声が沸き起こる　3. 境内には多くの撮影スポットが。普段とは違う風景や見逃してしまいそうな景色をカメラにおさめて　4. 盃をかわして永遠の契りを結び固める「誓盃の義」 5.9. 二人が出会えたことに感謝し、八方除けの神、寒川大明神の前で永遠の誓いを　6. 玉串に祈りを込めて奉納する「玉串奉奠」 7.8. 雅楽の調べにのせて巫女が鈴をふりながら「浦安の舞」を奉納

1.和のぬくもりを感じる和モダンの雰囲気にリニューアル「桃山の間」は着席で 40 名まで　2.～7.地の利を生かし、相模の海、山の幸がふんだんに取り入れられたコースは日本料理、フランス料理、中華料理、和洋折衷と旬を五感で感じられる美食が揃い、「直会の宴」といった珍しい祝膳も用意されている。ゲストが美食に頬をゆるませている姿を想像しながら 2 人で祝膳を選ぶのも楽しいかぎり　8.伝統を感じさせる格天井とシャンデリアが印象的な「天平の間」は 80 名まで着席可能　9.「飛鳥の間」は少人数での集まりに

鮮やかな心を満たす婚礼料理に新しいバンケットルーム

相模の海、山の幸をふんだんに取り入れ、それぞれに伝統の技をほどこした美食の数々はいずれも晴れの宴にふさわしい逸品です。

さらには神前に供えた食材をいただく「直会の宴」などのオリジナルなプランも充実しています。

2022年5月にリニューアルした「桃山の間」（着席40名）や「飛鳥の間」（着席30名）といった7つのバンケットルームがあるのでカップルの希望する披露宴が叶います。

4

3

1

1.2. 2Day´s ウェディング「A パターン」通常の挙式料金の範囲内で、前撮りがついている挙式プラン　3.〜5.「B パターン」のプランは前撮り、挙式の他、持ち帰りの会席弁当がつく新しい時代の参集殿の和婚プラン　6.〜10. 前撮り、挙式と披露宴を行うプランは「C パターン」。各パターンとも最大 24 名までの限定のプラン

5

2

8

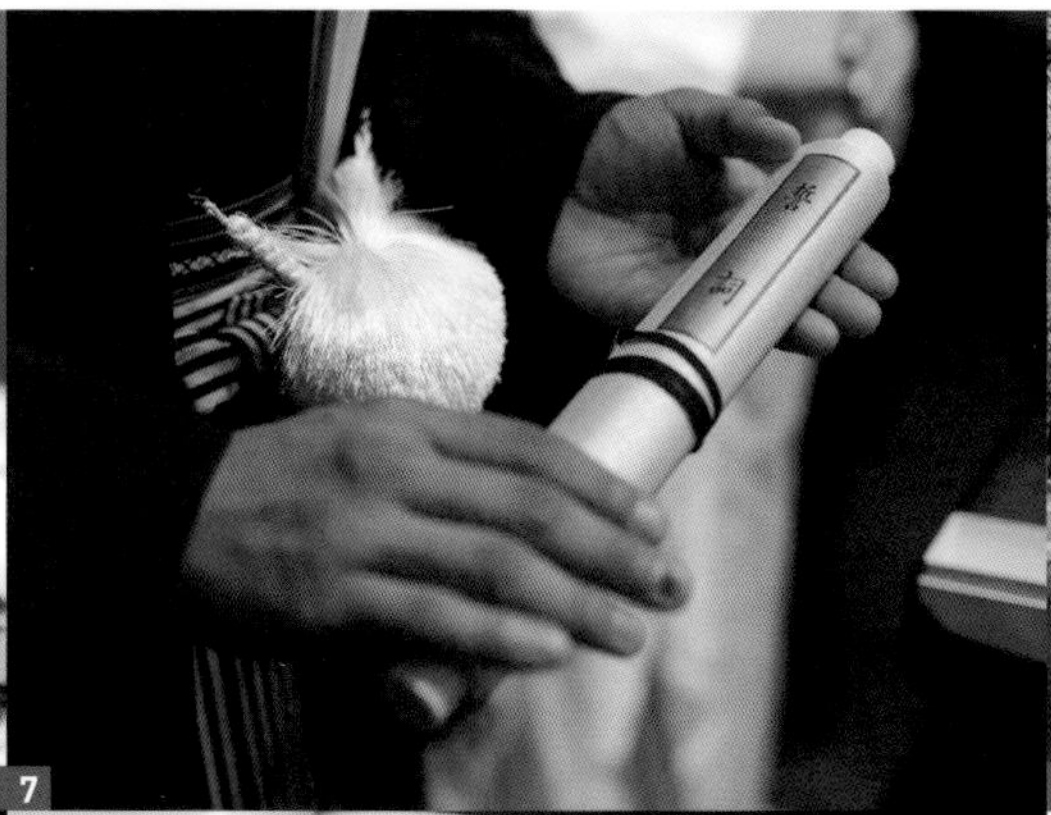
7

6

10

9

50周年記念プランの 2Daysウエディング

7月より始まった最大24名で執り行われる50周年記念プラン「2Daysウエディング」。通常の挙式料金の範囲内で、1日目に撮影、2日目に挙式と披露宴を行う新しい時代に合わせたプランが3パターン用意されています。参集殿の和婚がいよいよ始まりました。

相模國一之宮 寒川神社参集殿

TEL.0467-75-5555　FAX.0467-75-5556
http://www.sansyuden.jp

所在地 神奈川県高座郡寒川町宮山 3835-1
交通 JR 相模線　宮山駅下車　徒歩５分
営業 9:00 〜 18:00
駐車場 60 台（無料）

〜ブライダルプラン〜

参集殿の 2Days'ウエディング
A パターン　47 万 3000 円（20 名）
内容 1 日目 清祓、フォト／ 2 日目 挙式

B パターン　63 万 3000 円（20 名）
内容 1 日目 清祓、フォト／ 2 日目 挙式、お持ち帰り会席

C パターン　99 万 6435 円（20 名）
内容 1 日目 清祓、フォト／ 2 日目 挙式、披露宴

〜ブライダルフェア〜

経験豊富なプランナーが対応！

「神殿見学×和装衣裳じっくり相談会」

要予約・無料
開催日 要問合せ
開催時間 10：00 〜、13：00 〜
内容 神殿見学、和装・洋装選べる試着体験、おかつら体験
特典 寒川神社オリジナル「御朱印帳」を二人に贈呈
成約特典 夫婦グッズプレゼント

新潟市・中央区

新潟縣護國神社
迎賓館 TOKIWA

神々が宿るときわの森で誓う
『全員参加の神社婚』

日本海に面した16800坪の広大な境内を誇る新潟縣護國神社。ここに広がるときわの森は、「世紀に引き継ぎたい日本の白砂青松百選」に選ばれており、その松の緑に囲まれた迎賓館TOKIWAは、日本と欧米の婚礼文化が融合・習合した非日常空間が広がる。

参列者全員が一人一役で一人一人の心のひだに残る新潟縣護國神社の「全員参加の神社婚」

お母様に手を引かれ、友人には朱傘を掲げていただき、小さなお子さまには弓張提灯を持ち先導役を。参加することで一生涯の思い出として心に深く刻まれる神前式。それが新潟縣護國神社の「全員参加の神社婚」なのです。

御創祀百五十年神門・回廊造営。百五十年を迎え、新潟県内でも最大規模を誇る神門・回廊が竣工。天候に左右されず参拝が可能になり、車いすなどのバリアフリーも完備。緑鮮やかな芝生の「お祭り広場」では、白鳩のリリースや、赤い糸の風船など、様々な演出が可能に。

ROYAL VESSEL ロイヤルヴェッセル【着席60〜150名様】
GEIHINKAN TOKIWA

最高の施設と最高のスタッフで「忘れ得ぬ感動のドラマ」を創出

日本の伝統と格式、地域の文化はもちろん、最新のシステムを整え感動のドラマを彩る豪華絢爛な会場など、お二人の希望を叶える5つのパーティー会場を揃え、ウエディングのあらゆるニーズにお応えします。

人生のかけがえのない瞬間である結婚式、お二人の最高の慶びの時を最良の美しい思い出を創造するために、迎賓館TOKIWAは日々進化し続けます。それはお二人とゲストの方々の心に残る、世界でたった一つのウエディングを創りたいという願いから。お客様の喜びが我が喜びと考えるスタッフが、家族の一員のように一緒になって共感・共鳴し「忘れえぬ感動のドラマ」をお創りします。

迎賓館
ときわ
TOKIWA

BIA 公益社団法人日本ブライダル文化振興協会会員

迎賓館 TOKIWA
TEL.025-228-2220
https://www.g-tokiwa.com/ceremony/
所在地 新潟県新潟市中央区西船見町5932-300
交通 JR 新潟駅から車で 15 分
営業 10：00 〜 19：00

東京・浜松町

芝大神宮
芝大神宮　婚礼相談サロン

千年の歴史を刻む「関東のお伊勢さま」に見守られて、永遠の幸と福を結ぶ

1.千年の時を刻む「関東のお伊勢さま」。青空と社殿をバックに、白無垢がよく映える　2.ハイヤーから降りると巫女のお出迎が。気持ちも一層引き締まります　3.雅楽が流れるなか、神職と巫女に導かれ、境内を歩いて御神前へ　4.参列者にも授与される「幸福御守」　5.芝大神宮は主要駅からのアクセスもよく、東京タワーや増上寺にも徒歩圏内。東京観光のプランも立てやすい

古式ゆかしい婚儀に感動　心に残る一日を

東京駅や品川駅、浜松町駅からもアクセスがよい芝大神宮。創建は平安期。伊勢神宮の御祭神を祀り、源頼朝や徳川幕府の保護のもと発展を遂げてきました。千年の歴史を刻む「関東のお伊勢さま」としても広く知られています。

雅楽の音色が響く参道を花嫁行列が進む参進の儀、巫女による豊栄舞奉奏のほかに、檜造りの札に新郎新婦が名前を記し、札を一つに重ね合わせて紅白の紐で結び留める「幸合わせ結びの儀」など、人生の門出にふさわしい儀式が厳かに行われます。

また、神明かりが灯る夕暮れの境内で行われる篝火挙式（11月中旬、2月中旬）は、一日一組限定とあって大変人気。早めの問い合わせがおすすめです。

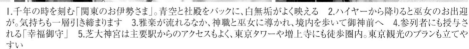

8

6

7

6.新郎新婦の出身地で造られた日本酒をひとつにし、お神酒に。三献の儀で使われます　7.「幸」·「福」と記された檜の札に名前を刻む「幸合わせ結びの儀」。芝大神宮ならでは　8.ゲストに見守られ行われる「指輪交換」　9.神が宿るとされる榊に祈りを込める「玉串拝礼」　10.荘厳な雰囲気のなか執り行われる婚儀　11.お神酒に口をつけ、2人の過去、現在、未来をつなぐ「三献の儀」　12.13.数か月前から問い合わせが殺到するという、1日1組限定の「篝火挙式」

11

10

9

13

12

東京・浜松町

芝東照宮

芝東照宮　婚礼相談サロン

「勝運の神」を祀る緑の杜でアットホームな神前婚を

1.徳川家康を御祭神とする芝東照宮。勝運、出世運にもご神徳がある　2.神職、巫女に導かれて境内を進む「参進の儀」　3.雅楽が響くなか行われる「三献の儀」。夫婦の強い絆が生まれます　4.お互いを愛し、慈しむ誓いとして行われる指輪の交換　5.早春の梅や春の桜、目に美しい若緑の楓など四季のうつろいを肌で感じることができ、その景色も挙式のいい思い出に

芝公園の四季折々の花木が式に華やかさを添えて

都会のオアシス、芝公園の一角に位置する芝東照宮。徳川家の菩提寺・増上寺ゆかりの杜、勝運の神・徳川家康を祀る杜として有名です。JR主要駅からのアクセスもよく、遠方からのゲストに喜ばれています。

四季の彩りに包まれながら20名ほどの参列者に祝福されて行われる結婚式。巫女舞、雅楽の生演奏など古式ゆかしい婚儀が、参列するゲストの心に響きます。少人数で温かな雰囲気を大切にしたいお二人におすすめです。

6.10.神聖さを表す白無垢、綾羅錦繍の色打掛はもちろん、KIYOKO　HATAの最新コレクションなど豊富な衣裳を用意　7.「関東のお伊勢さま」芝大神宮の境内にも多くのフォトスポットが点在　8.東京タワーをバックに撮影ができるのもクチュールナオコならでは　9.和装撮影の経験豊富なフォトグラファーが二人の最高の瞬間をおさめます

コーディネートは経験豊富なクチュールナオコで

ウエディングメーカーが運営する「和婚ネット銀座店」では、芝大神宮、芝東照宮といった神社仏閣での挙式から披露宴までを総合プロデュース。衣裳から着付け、ヘアメイク、写真まで必要な全ての手配は、経験豊富なスタッフにおまかせ。フォトウエディングのプランもあります。

芝大神宮・芝東照宮　婚礼相談サロン

TEL03-6402-3833（和婚ネット銀座店）
https://www.wakonnet.com/

所在地 東京都中央区銀座 1-8-20（クチュールナオコ銀座本店内）
交通 地下鉄銀座線「銀座駅」A13 番出口徒歩 5 分
地下鉄有楽町線「銀座一丁目」9 番出口徒歩 3 分
営業 平日 11:00 ～ 20:00、土曜日 10:00 ～ 20:00、日・祝日 10:00 ～ 19:00（火曜定休／祝日は営業）

～ブライダルプラン～

挙式 シンプルプラン
132,000 円（税込）土・日・祝は＋ 55,000 円（税込）
内容 新婦衣裳（白無垢または色打掛）、新郎衣裳（紋付羽織袴）、新婦美容着付け、新婦ヘアメイク（洋髪）、介添え、控え室料
※上記料金の他に初穂料を奉納します。
芝大神宮：初穂料 100,000 円 / 篝火挙式 130,000 円（篝火挙式は 1 日 1 組限定 16：30 又は 17：00、11 月中旬～ 2 月中旬のみ）
芝東照宮：初穂料 80,000 円

山梨県・身延山

ご先祖様が繋いでくれた「ご縁」に感謝と奉告を「来世までの結びつき」を誓う

日蓮宗総本山久遠寺

1.「身延山」の扁額がかかる四季の彩り鮮やかな三門 2. お坊様に導かれ、新郎新婦、親族が続く花嫁行列 3. 僧侶が奏でる雅楽が響く中、導師に続いて、親族、友人、知人の待つ堂内へ 4. 荘厳な雰囲気の中、粛々と進行する儀で「来世までの結びつき」を誓う 5. 歴史と自然を感じられる総本山ならではの記念撮影を

令和5年に開闢750年をむかえる、鎌倉時代に開かれた日蓮宗総本山の久遠寺は、本堂をはじめ、五重塔などが有形文化財として登録されている名刹で知られています。

春は枝垂れ桜・夏は山々を覆う青葉、秋は一面に染まる紅葉の自然美を楽しみに、毎年多くの参拝者が訪れます。

朱塗りと金箔が施された厳粛な中に華やぎがある歴史的建築や身延山（標高1153メートル）に育まれた四季折々の自然美が調和する中で挙式をしたい新郎新婦の要望に応えたプランが「久《く》遠《おん》」です。40人まで応対が可能なプランでは、専任のウエディングプランナーが挙式から衣裳、撮影、披露宴やお食事会まで結婚式の全てを細やかに対応してくれます。

儀式の流れや作法などもプランナーが丁寧に教えてくれるので安心。雅楽の生演奏と読経に包まれる中、参進、入堂、挙式と総本山でしか体験できない特別な結婚式が叶います。

また、境内は写真映えのするスポットの宝庫。身延山の中腹に広がる優美な大伽藍、五重塔や樹齢400年の枝垂れ桜など歴史と美しい自然が感じながら、人生の晴れの日の最高の一枚を残すことができると評判です。

写 真 映 え の す る ス ポ ッ ト

7

6

9

8

11

10

6. あでやかな有形文化財の五重塔　7.9. 富士山を背景にしたり、ロープウェイでの撮影も総本山久遠寺ならでは　8. 枝垂れ桜に包まれながら最高の笑顔で最良の一枚を　10. 歴史的建築物と自然が調和する撮影スポットが点在　11. 祖師堂をバックに枝垂れ桜が白無垢に華やぎを添えて

日蓮宗総本山 身延山《みのぶさん》 久遠寺《くおんじ》
公式・専任プロデューサー
Twinklemate（トゥインクルメイト）
山本知子
TEL.0545-67-1177
携帯電話：090-9942-3775
受付時間：10:00 ～ 20:00
mail:info@twinklemate.com
https://www.twinklemate.com/
https://www.kuonji.jp/wedding/
山梨県南巨摩郡身延町身延 3567
交通 JR 身延線身延駅車 10 分
営業 10：00 ～ 20：00

挙 式 会 場 が 3 か 所 か ら 選 べ ま す

身延山の山頂にある思親閣(ししんかく)

日蓮聖人の神霊を祀る
祖師堂(そしどう)

特別な聖域、御廟所(ごびょうしょ)・
常唱殿(じょうしょうでん)

Bridal Institutional Association

コロナ禍でも頑張っている
ブライダル業界

**コロナ禍の影響を受けているカップルの皆さんの参考になればと思い、
公益社団法人日本ブライダル文化振興協会の専務理事の野田兼義氏に
最近のブライダル業界についてお話を伺いました**

インタビュアー　和婚塾塾長　飯田美代子

専務理事
野田兼義
公益社団法人
日本ブライダル文化振興協会

コロナ禍はブライダル業界にかなり大きな影響を与えたと思います

２０２０年３月11日、世界保険機関（ＷＨＯ）が新型コロナウイルス感染症（ＣＯＶＩＤ－19）のパンデミック（世界的大流行）を宣言しました。日本政府は、２０２０年４月７日に東京都と埼玉、千葉、神奈川の３県を対象に最初の緊急事態宣言を発令しました。そして、以後３度にわたる緊急事態宣言、２度のまん延防止等重点措置を発出。専門家は危機感を露にし、国民には不要不急の外出自粛やテレワークの推進など協力を呼び掛けて来ました。

ブライダル業界の市場規模は、結婚式場業１・４兆円、関連事業が１兆円です。大きな業界ですからその損失はかなり大きいものです。

私共の調査では、コロナ禍における２０２０年度の結婚式場の売り上げは、前年比で、４月６・６パーセント、５月１・９パーセント、６月３・８パーセント、７月13・４パーセント、８月35・１パーセント、９月32パーセントと落ち込みました。ちなみに２０２０年度平均売上は30・35パーセント、２０２１年度は65・８パーセントの落ち込みとなりました。これを金額に置き換えると、２０２０年度は９６００億円、２０２１年度は４８００億円の損失となりました。

国からの助成金で助かった部分もあったかと思うのですが

雇用調整助成金をはじめ、セーフティーネット、実質無利子・無担保融資等の各種支援等、国の支援を目いっぱいに活用しつつも、結婚式場などは、人件費・施設維持管理費・公共料金・地代家賃等の固定費支出に対して、規模に似合う支援金はなく、経営者は独自の努力で事業継続を図らざるを得ませんでした。

コロナの影響を一番受けたのは、結婚式を予定していた新郎新婦だと思うのですが

もちろん、コロナ禍で一番大変だったのはお客様です。一世一代の結婚式、招待客をもてなしたいが感染の心配から、お酒は出せず、自由に会話も席の移動も出来ないようにするしかありません。実施したくても心配が先に立ち、無期延期やキャンセルの続出となりました。

しかし、お客様には個々の事情があります。ノンアルコールで開催、90分の時間制限、感染防止パネルの設置、１卓４名で最大50人に制限するなど規制下で実施した方もいらっしゃいました。

式場は当協会が作成した感染拡大防止ガイドラインを厳格に守り、絶対に式場からの感染を出さないよう最善の努力を重ねてきました。

結婚式を行うカップルは年々減少傾向にありました。コロナ禍の中、式を挙げない方がさらに増えましたね

日本では、コロナ禍以前から既に人口減少社会に突入していました。ＢＩＡ（公益社団法人日本ブライダル文化振興協会）が設立された１９９５年の出生数は１１８万７０６４人でしたが、２０２０年には84万８３５人に減少しています。

婚姻件数は79万１８８８件から２０２０年には52万５５０７件となり、この25年間で26万６３８１件減少しました。婚姻率も６・４パーセントから４・１パーセントに下がり、初婚の平均年齢は、男性が28・５歳から31歳へ、女性は26・３歳から29・４歳と晩婚化も進みました。生涯未婚率も男性は１９９５年の９・０パーセントから２０２０年には25・７パーセントに。女性は５・１パーセントから16・４パーセントに増加しました。

これらの現象は、内閣府の調査から左記の５つの理由が考えられました。

(1) 結婚したい相手と出会えな

公益法人日本ブライダル振興協会(BIA)

婚礼に係る調査及び研究、施設の紹介、サービスの提供を行う人材の育成、研修会、セミナーや各種イベントの開催等を行うことにより、ブライダル文化及び産業の健全な発展を図り、生活文化の向上に寄与することを目的として設立

い方が多い

(2) 女性の社会進出によって男女間の格差がなくなった

(3) 独身生活を楽しむ方が増えた

(4) 経済的な不安を抱えている

(5) 子育ての支援制度が不足している

BIAではブライダル経営のサポートの他、日本文化の継承発展にも力を入れていますね

ブライダル業界の事業者は阪神淡路大震災、金融危機、新潟県中越地震、リーマンショック、東日本大震災、アメリカ同時多発テロ事件、熊本地震、台風15号・19号の被害等の経験から、既に独自のBCP（事業継続計画）、BCRP（事業継続と復旧計画）、BCM（事業継続マネジメント）等を取り組み、中長期的経営企画に沿ったマネジメントに着手していました。

コロナ禍により、２０２０年には、結婚式場の４割が、２０２１年には６割が苦境を乗り越えられないという試算も有りましたが、２０２２年７月現在、私が知る限りにおいてコロナ禍により倒産した式場はありません。まさに経営者の事前準備の賜物であると思います。

２０２０年５月、国の指針に従って「結婚式場業新型コロナウイルス感染拡大防止ガイドライン」を作成し、全国に普及させました。その結果、式場集団感染の発生もなく、式場の営業停止は免れました。

また、２０２１年には、法律家等による専門委員会を設置して、「自然災害・感染症拡大」等に係るモデル約款を整備し公表しました。企業はこれを基に自社約款の見直しを図っています。

２０２２年には経済産業省の後援を頂き、一般社団法人冠婚葬祭互助協会、一般社団法人日本ホテル協会と共にコロナ禍で結婚式ができなかった人や、迷っている人を対象に、結婚式やサービスを提供する「全国結婚式応援キャンペーン」を実施し、３０００組の応募者がありました。

ブライダル産業は、我が国の生活・食・おもてなしの文化、礼・伝統・習慣・しきたり等の地域文化、地域・伝統産業・匠の技・地域経済・就労機会の拡大、少子化対策、大学・専門学校での実践教育等、日本文化の継承発展に貢献しています。

BIAがこれから取り組むべきは日本の婚礼を基盤とした日本の文化を世界に広げることです。日本の結婚式・披露宴に纏わる生活文化をストーリー化して、これをクールジャパンプロジェクトや日本遺産に登録して、世界に紹介出来ればと思っています。

なぜなら、婚礼は歴史・地域の生活文化・伝統産業等に支えられた地域産業だからです。結婚式場の発展は地域産業の発展と多くの技巧産業の継承に直結しています。これらに日本の安全性と異文化に対する寛容性を活かしてストーリー化してはどうかと考えています。

その結果、海外から注目され、日本で結婚したい、日本の伝統産業に触れてみたいというインバウンド客の増加にも結び付けていきたいという夢もあります。

そのため、日本の婚礼を「日本文化遺産」に出来ないかとも考え、調査研究をしています。

ブライダルコーディネート職種が国家検定になりました。

2018年、厚生労働省はウエディングプランナー、ブライダルコーディネーターなど会場によって呼び方が異なる婚礼接客の職種を総称して「ブライダルコーディネート職種」に統一。

ＢＩＡは厚生労働大臣から職業能力開発促進法に規定する技能検定業務を行う指定試験機関としての指定を受けました。これまでに1級121名、2級235名、3級12万204名の技能士資格者を輩出。国が認めるプロとして、技能士は全国の結婚式場でお客様のお手伝いをしています。

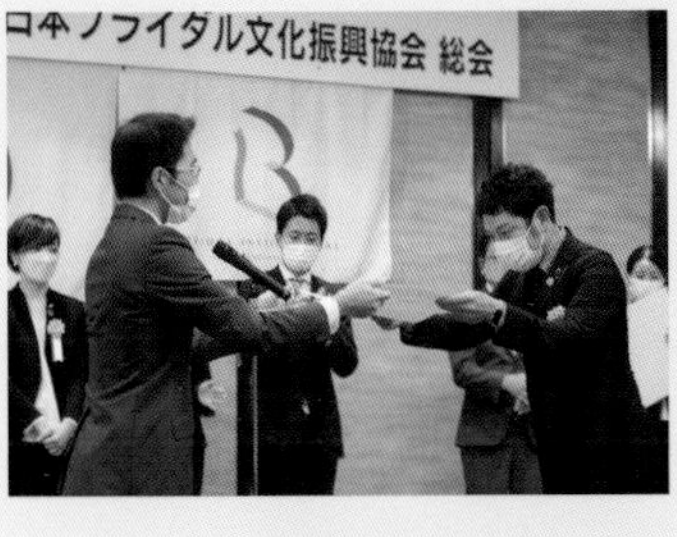

厚生労働大臣の名代として厚生労働省上席職業能力検定官の直野泰知氏から授与される

1級ブライダルコーディネート技能検定合格者

寺嶋由芙《てらしまゆふ》
2013年よりソロアイドルとしての活動をスタート。2014年「#ゆーふらいと」でソロデビュー。シングル13枚、アルバム3枚をリリースし、ソロアイドルとして、精力的に活動中。また、ゆるキャラ好きアイドル「ゆるドル」を自称し、「ゆるキャラ®グランプリ」をはじめ、各地のキャラクターイベントに「ゆるキャラ通訳」としてMC出演。さらには芸能界で一番のポムポムプリン好きとしても知られ、サンリオともコラボするなど、独自のアイドル道を邁進中。

撮影協力：日枝神社
モデル：寺嶋由芙
フォトグラファー：株式会社 アンズフォト 村松美緒

厳《おごそ》かで優美《ゆうび》な日本《にほん》の結婚式《けっこんしき》

神社結婚式《じんじゃけっこんしき》&和婚《わこん》

2022年8月30日　第1刷発行
著　　者　アイデ
発 行 者　岡村静夫《おかむらしずお》
発 行 所　株式会社静風社《かぶしきがいしゃせいふうしゃ》
〒101-0061　東京都千代田区神田三崎町2丁目20-7-904
TEL　03-6261-2661　FAX　03-6261-2660
http://www.seifusha.co.jp
印刷／製本　モリモト印刷株式会社

ISBN978-4-9911263-6-9　Printed in Japan
落丁、乱丁本は弊社送料負担にてお取り替えいたします。

Staff

編集：井出　洋
デザイン：フリッパーズ
フォトグラファー：株式会社 アンズフォト
天野雄士　村松美緒
衣裳：ビタースウィート インターナショナル 築地店
［株式会社 曽我］
美容：ビタースウィート インターナショナル ビューティー
［株式会社 曽我］
協力：office MAY-Be